Stella

edition
TRI

Sama Maani

Respektverweigerung

Warum wir fremde Kulturen nicht respektieren
sollten. Und die eigene auch nicht.
Sechs Essays

Drava

LAND ▍▊ KÄRNTEN
Kultur

Drava

KLAGENFURT – WIEN · CELOVEC – DUNAJ
9020 Klagenfurt/Celovec · Tarviser Straße 16
office@drava.at · www.drava.at

© Copyright 2015 by Drava Verlag
Umschlaggestaltung: Walter Oberhauser
Druck: Drava Print GmbH

ISBN 978-3-85435-757-5

Inhalt

Warum wir über den Islam nicht reden können

Araber und Perser ...

Kennen Sie einen Perser? Wenn ja – haben Sie schon einmal den Fehler begangen, ihn als Araber zu bezeichnen? Diesen Fehler würden Sie kein zweites Mal machen. Zu verstörend wären die Reaktionen Ihres persischen Bekannten – sollte er ein Freund sein, könnte es passieren, daß er Ihnen die Freundschaft kündigt. Zu sagen »Perser mögen keine Araber« wäre untertrieben.

Würden Sie das Opfer Ihrer Verwechslung nach den Ursachen seines Ressentiments fragen, würde es Sie darüber aufklären, daß der »kulturell hochstehende« Iran im 7. Jahrhundert von den »primitiven« Arabern erobert wurde. Würden Sie das Thema an dieser Stelle nicht wechseln, würden Sie erfahren, daß der Iran auch von Alexander dem Großen und den Mongolen erobert wurde. Daß die mongolische Eroberung im 13. Jahrhundert stattfand, also jüngeren Datums ist als die arabische. Daß die Mongolen bei ihren Eroberungszügen ungleich grausamer vorgingen als die Araber. Daß es im Iran aber weder ein Ressentiment gegen Mongolen noch gegen Griechen gibt. An dieser Stelle müßten Sie sich die Frage stellen: *Warum gerade die Araber?*

Die Antwort auf diese Frage wird die Tatsache berücksichtigen müssen, daß die Araber, im Unterschied zu den Griechen und den Mongolen, den Iranern den Islam »gebracht haben« – und man muß kein Psychoanalytiker sein, um daraus zu schließen, *daß die Iraner den Islam meinen, wenn sie die Araber bashen. Bewußt oder unbewußt scheint die Chiffre* Araber *für den Islam zu stehen: Hier tarnt sich offenbar die Abneigung gegen die eigene Religion als rassistisches Ressentiment*[1].

---

1 Diesen Gedanken verdanke ich dem brillanten Aufsatz des iranischen Philosophen Aramesh Dustdar: *Warum die Feindschaft zu den Arabern*: http://www.aramesh-dustdar.com/index.php/article/69/.

... und Türken

In Europa gibt es zu diesem Phänomen ein interessantes Pendant – allerdings unter umgekehrten Vorzeichen: Rechte und rechtssextreme Parteien, die mittlerweile bis tief in die politische Mitte hinein die Diskurshoheit erobert haben, reden über den Islam und meinen, wie z. B. in Österreich, die Türken – oder, wie in Frankreich, die Araber. Auch hier handelt es sich, wie im Fall des iranischen Anti-Arabismus, nicht um einen bewußten Etikettenschwindel. Der Anti-Islamismus der europäischen Rechten (und Konservativen und Teilen der Sozialdemokratie ...) ist authentisch. Als es etwa anläßlich der Erstürmung der sogenannten Gaza-Flotte durch israelisches Militär im Mai 2010 in Wien zu antiisraelischen Demonstrationen kam, an denen vorwiegend Moslems teilnahmen und bei denen auch antisemitisch gehetzt wurde (»Hitler erwache!«), war es ausgerechnet die traditionell antisemitische FPÖ, die sich darüber am lautesten echauffierte.

Bis hierher scheinen die Debattenlage sowie mögliche Lösungsansätze klar auf der Hand zu liegen: Man müßte den Rassisten einfach die Anti-Islam-Maske vom Gesicht reißen und das rassistische Ressentiment in all seiner Erbärmlichkeit bloßstellen.

In der Realität der politischen Debatte erscheint die Sache aber nicht so einfach – was sich paradoxerweise am besten an den Reaktionen deklarierter *Gegner* rassistischer Hetze ablesen läßt. Etwa in dem im November 2010 publizierten Aufruf deutscher und österreichischer Intellektueller »Schluß mit der Integrationsdebatte!«. Dort heißt es:

»Islamfeindlichkeit bietet einen wesentlichen Anknüpfungspunkt für mediale Auseinandersetzungen, *denn Islamfeindlichkeit wird nicht als Rassismus anerkannt* (Hervorhebung von mir).«[2]

Für die Verfasser des Aufrufs »Schluß mit der Integrationsdebatte!« *ist* Islamfeindlichkeit also Rassismus. Statt die

---

2 *Schluß mit der Integrationsdebatte!*, Der Standard, 10. November 2010.

Vertauschung der beiden Diskurse (des Anti-Islam-Diskures mit dem Diskurs der Rassisten) zu kritisieren und den Anti-Islam-Diskurs als das zu entlarven, was er ist – nämlich ein Ersatz-Diskurs für Rassismus – werden, im Gegenteil, Anti-Islam-Diskurs und Rassismus *miteinander identifiziert* – und der Diskurs der Rassisten damit einzementiert: Wer Islamfeindlichkeit mit Rassismus gleichsetzt, erklärt die Zugehörigkeit zum Islam zu einem unabänderlichen, »quasi-rassischen« Merkmal.

Die Gleichung »Islamfeindlichkeit ist gleich Rassismus« geht offenbar vom Konzept des *kulturellen Rassismus* aus. Von der richtigen These also, daß heute, da der Begriff »Rasse« diskreditiert ist, fremdenfeindliche Ressentiments in Begriffen der »Kultur« – oder eben der Religion – transportiert und politisch salonfähig gemacht werden (»Leitkultur«, »christliches Abendland«, »Kampf der Kulturen«).

Statt aber gegen die unausgesprochenen Grundannahmen eines solchen Ersatz-Rassismus anzuschreiben, statt mit allem Nachdruck darauf hinzuweisen,

– daß weder Religionen, noch »Kulturen« unauflöslich mit einer bestimmten Ethnie/»Rasse« verbunden sind,

– daß Menschen ihre Religion auch ändern, daß Religionen, wie es im Lauf der Geschichte immer wieder der Fall war, schlicht aussterben können,

– vor allem, daß Individuen nicht auf ihre »Kultur« oder »ihre« Religion reduzierbar sind,

stattdessen bleiben die »linken« und liberalen Kritiker der Rassisten, indem sie die rassistische Verknüpfung von Kultur/Religion einerseits und Ethnie/»Rasse« andererseits unhinterfragt übernehmen, bei den Vorgaben der Rassisten. Zugleich spricht der »linke« und liberale Diskurs – eben weil er die Identitäts-Vorgaben der Rechten (»Türke ist gleich Moslem«) akzeptiert – »Kulturen« und Religionen (hier den Islam) gleichsam heilig und entzieht sie damit jeder substanziellen Debatte.

Augenfällig wird diese unausgesprochene Heiligsprechung des Islam etwa am Argwohn, der den organisierten Ex-Moslems entgegenschlägt. In »linken« und liberalen Medien des deutschen Sprachraums werden Ex-Moslems häufig als schrille HysterikerInnen dargestellt, deren persönliche Betroffenheit ihnen ein angemessenes Reden über den Islam verunmöglicht.

Während man also im Iran über den Islam redet, indem man *nicht* über ihn redet, sondern über »die Araber«, man in Österreich nur *scheinbar* über den Islam redet und die Türken meint – oder aber jedes substanzielle Reden über den Islam verunmöglicht, indem man ihn sakrosankt stellt –, werden Iraner (oder Araber oder Türken), die sich in Europa kritisch über den Islam äußern oder sich von ihm abwenden, als Menschen wahrgenommen, die nicht angemessen über den Islam reden können – und es daher am besten unterlassen sollten.

Seid nett zu der Voodoo-Puppe

Wer den Islam sakrosankt stellt und dem Mißverständnis erliegt, er handle dabei antirassistisch, gleicht einem Lehrer, dem man berichtet, in seiner Schule würde ein, sagen wir, türkischer Schüler aus rassistischen Motiven gemobbt, u. a. würde, stellvertretend für jenen türkischen Schüler, eine Voodoo-Puppe mit Nadeln durchbohrt, und der daraufhin seine Schüler ermahnt, sie mögen bitte nett zu der Voodoo-Puppe sein, Feindschaft gegen Voodoo-Puppen sei rassistisch.

Solch Denken in Kurzschlüssen verstellt den Blick auf das Wesentliche. Der »linksliberale« Diskurs über *kulturellen Rassismus* bezeichnet das Reden des Kultur-Rassisten über Religion und Kultur (»unsere Leitkultur«, »das christliche Abendland«, »Kampf der Kulturen«) als (pseudo-)biologisch. »Biologisch« meint hier, daß kulturelle und religiöse Phänomene als unabänderlich, verdinglicht und in fixer Verknüpfung mit bestimmten Ethnien präsentiert werden. So weit so richtig. Die Vorstellung, biologische Merkmale stünden für das Fixe und Unveränderliche, entbehrt in Zeiten der

Bio- und Gentechnik allerdings nicht der Ironie. Weit davon entfernt, das Unabänderliche zu repräsentieren, ist Biologie heute genau jener Schauplatz, an dem uns die grenzenlose Manipulierbarkeit der Grundlagen unserer Existenz vor Augen geführt wird.

Kann es sein, daß der Wunsch, eigene und fremde »Kulturen« oder Religionen als etwas Unveränderliches – und: Unantastbares – anzusehen, auch mit Verunsicherungen dieser Art zu tun hat? Weil wir das Gefühl haben, wo immer wir hintreten, den Boden unter den Füßen zu verlieren, brauchen wir etwas, das wir – und woran wir uns – festhalten können, und dieses »etwas« nennt sich heute wieder »Kultur« oder auch »Religion« bzw. »Leitkultur«, »christliches Abendland« »Kampf der Kulturen« usw. – Begriffe, die trotz oder wegen ihrer Substanzlosigkeit seit Jahren nicht nur die politische Debatte, sondern auch das Denken der politischen Akteure beherrschen. Ersatz-Begriffe eines politischen Ersatz-Diskurses.

In ihrer Wirkmächtigkeit, ihrer Unbestimmtheit und ihrer Abwehrfunktion gegen Verunsicherungen aller Art spielen »Leitkultur« und Co. in der öffentlichen Sphäre eine ähnlich unheilvolle Rolle wie das Gebot des »positiven Denkens« in der privaten Ideologie postmoderner Erfolgsmenschen.

»Bei den Nazis, da war es noch die Rasse, an die nun schon der Dümmste nicht mehr glaubt. Ich würde denken, daß in der nächsten Stufe der regressiven Ideologie es ›das Positive‹ sein wird, an das die Menschen glauben sollen, etwa in dem Sinn, wie man in Heiratsannoncen die Formulierung ›positive Lebenseinstellung‹ als etwas ganz besonders Empfohlenes empfindet.«[3]

Für Kultur-Rassisten (und solche finden sich mittlerweile auch in den Reihen der Grünen, von den Konservativen und Sozialdemokraten reden wir lieber nicht) funktionieren Be-

3 Theodor W. Adorno, *Vorlesungen zur Negativen Dialektik,* Frankfurt 2007, S. 33ff.

griffe wie »unsere (Leit)kultur« immer nur als Gegen-Begriffe – vor allem eben gegen »den Islam«. Ein Begriff, der seinerseits inhaltsleerer und unbestimmter nicht sein könnte. Über die üblichen medialen Schlagworte hinaus wissen wir über »den Islam« in der Regel noch weniger zu sagen als über »unsere (Leit)kultur«. Mehr noch: Wir *dürfen* über ihn nichts (Relevantes) sagen, und dieses unausgesprochene und dennoch sehr wirkmächtige Tabu hat noch andere Gründe als die unglückselige Gleichsetzung der Ablehnung des Islam mit Rassismus.

Um diese Gründe zu verstehen, müssen wir uns – wieder einmal – der Gretchenfrage stellen:

Nun sag, wie hast du's mit der Religion?

Zwischen 1970 und 2008 hat sich die Zahl der Konfessionslosen in Deutschland verzehnfacht. Von 3,9 % im Jahre 1970 auf 34,1 % im Jahr 2008 – Tendenz steigend. In den neuen Bundesländern bezeichnen sich bis zu 80 % der Bevölkerung als konfessions- bzw. religionslos. In ebendiesem tendenziell konfessionslosen Deutschland erschien im Oktober 2007 das religionskritische Kinderbuch *Wo bitte geht's zu Gott?, fragte das kleine Ferkel* von Michael Schmidt-Salomon[4]. Darin wird die Geschichte eines Igels und eines Ferkels erzählt, die sich, angeregt durch ein Plakat mit der Aufschrift: »Wer Gott nicht kennt, dem fehlt etwas«, auf die Suche nach Gott begeben. Sie treffen auf einen Rabbi, der ihnen erzählt, Gott hätte den Menschen, weil sie an eingebildete, falsche Götter geglaubt hätten, die Sintflut geschickt. Sie fragen ihn, ob er sich sicher sei, daß nicht auch jener Gott, an den er, der Rabbi, glaube, eine Einbildung sei. Woraufhin er sie aus seinem Gotteshaus wirft. Danach treffen sie einen Mufti, der ihnen mit der Hölle droht, weil sich das Ferkel weigert, sich fünf Mal am Tag zu waschen – und schließlich einen christlichen Bischof, vor dem sie flüchten, nachdem er erklärt, daß es sich

---

4 Michael Schmidt-Salomon, Helge Nyncke, *Wo bitte geht's zu Gott?, fragte das kleine Ferkel,* Aschaffenburg 2007.

bei den »Keksen«, die das Ferkel in der Kirche gefunden und in den Mund gesteckt hatte, um den Leib Christi handle. Am Ende ändern der Igel und das Ferkel die Aufschrift auf dem Plakat: »Wer Gott kennt, dem fehlt etwas – nämlich da oben.«

Das »Ferkelbuch« war Gegenstand heftiger Kontroversen. Wenige Wochen nach seinem Erscheinen beantragte die deutsche Familienministerin, es auf den Index jugendgefährdender Medien zu setzen. Die *Süddeutsche Zeitung* begrüßte das Indizierungsverfahren und bezeichnete das »Ferkelbuch« als »fundamentalistisch«. *Die Zeit* lehnte die Indizierung zwar ab, nannte aber Michael Schmidt-Salomon einen »selbstgerechten und eindimensionalen Religionshasser«.

Waren es beim Aufruf »Schluß mit der Integrationsdebatte« durchwegs nicht-religiöse Intellektuelle, die den Islam vehement in Schutz nahmen, so sahen sich bei der Debatte über das »Ferkel-Buch« liberale Medien und Organe eines säkularen Staates veranlaßt »die Religion als solche« in ungewohnt aggressiver Weise in Schutz zu nehmen. Die »Ferkelbuch«-Debatte und der Aufruf »Schluß mit der Integrationsdebatte« sind symptomatisch. Sie zeigen, wie wir es zu Beginn des 21. Jahrhunderts mit der Religion halten. In einem tendenziell religionslosen Europa wird Religion immer heiliger.

Wer's nicht glaubt – und ich spreche auch und vor allem diejenigen an, die sich als nichtreligiös, agnostisch oder atheistisch bezeichnen –, möge sich seine Reaktion vor Augen führen, als er in diesem Essay, oder wo sonst immer, zum ersten Mal von der Existenz eines religionskritischen – oder sagen wir ruhig religionsfeindlichen – Kinderbuches erfahren hat. Offensichtlich stellt ein religionsfeindliches Kinderbuch heute, auch für Agnostiker und Atheisten, einen ungleich größeren Tabubruch dar als Kinderbücher, die sich der sexuellen Aufklärung annehmen.

Früher war der Sex tabu, heute die Religion, sagte Don Camillo

Im Gymnasium war ich als Nicht-Christ vom Religionsunterricht befreit. Dennoch besuchte ich regelmäßig den katholischen Unterricht *Don Camillos*, eines rundlichen Pfarrers, der seinen Spitznamen seiner Schlagfertigkeit und seiner Streitlust verdankte. Bei Don Camillo hatte jede Unterrichtsstunde einen Titel, den er zu Stundenbeginn an die Tafel schrieb. Einmal trug die Stunde den Titel *Früher war der Sex tabu, heute die Religion* – und Don Camillo leitete sie mit den Worten ein: » Sie dürfen heute alles sein: Kommunist, Atheist, Anarchist, Sadist, Masochist – aber sagen Sie einmal: *Ich bin fromm!*«

Don Camillo hatte recht. Die Behauptung, daß Religion tabu sei, hat heute sogar noch mehr Berechtigung als damals, in den achtziger Jahren, als er sie formulierte. Heute ist Religion allerdings *in einem ganz anderen Sinn* tabu, als es Don Camillo im Sinn hatte. *Tabu* stammt aus dem Sprachraum Polynesiens und bedeutet »heilig« in einem spezifischen Sinn. Orte, Gegenstände oder Personen, die im Sinne des Tabus heilig sind, müssen streng gemieden werden. Von ihnen geht eine gefährliche Kraft aus. Diese Verknüpfung des Heiligen mit dem Unantastbaren, weil Gefährlichen, kennen wir auch aus der christlichen Tradition und der Mythologie der Griechen. Als sich Zeus der sterblichen Semele in seinem vollen Glanz zeigt, verbrennt sie. Und der Auferstandene hält, dem Johannesevangelium zufolge, Maria Magdalena mit dem Ausruf »Berühr mich nicht!« (»Noli me tangere«) davon ab, ihn zu umarmen.

»Eines Tages, sagte der Rabbi, ärgerte sich Gott so sehr über die Menschen, daß er beschloß, alles Leben auf der Erde zu vernichten. ›Alles Leben?‹, fragte das Ferkel erschrocken, ›alle Menschenbabys, alle Omas und alle Tiere?‹ ›Ja, alles Leben‹, antwortete der Rabbi.«

Aufgrund dieser Stelle machte das deutsche Familienministerium dem Ferkelbuch den Vorwurf des Antisemitismus, da es die jüdische Religion als »menschenverachtend und grausam« darstelle. Für Ursula von der Leyen, die damalige deutsche Familienministerin, immerhin Ministerin im Dienste eines säkularen Staates, ist Religion offensichtlich tabu – heilig und zugleich unantastbar –, als steckten in der Religion gefährliche Kräfte, die beim bloßen Benennen bestimmter ihrer Inhalte freigesetzt werden könnten.

Konsequenterweise forderte sie die Indizierung eines Buches, bloß weil es nacherzählt, was auch im Alten Testament über die Sintflut steht – dort allerdings drastischer: »Ich will den Menschen ... von der Fläche des Erdbodens auslöschen, vom Menschen bis zu den kriechenden Tieren, bis zu den Vögeln im Himmel.« (Genesis 6:7)

Demselben Tabu-Verhalten begegnen wir beim (Nicht-) Reden über den Islam. In Diskussionen über den Islam wird bekanntlich über alles Mögliche geredet (Migration, Terrorismus, »Integration«) außer über den Islam. In den seltenen Fällen, wo jemand dieses Sprechverbot durchbricht und tatsächlich etwas über den Islam sagt – indem er zum Beispiel aus dem Koran zitiert – entsteht häufig eine seltsam peinliche Atmosphäre, als hätte jemand ein obszönes Geheimnis verraten. In weiterer Folge wird dem Tabubrecher mitgeteilt, daß es »den Islam« gar nicht gebe, mit der niemals ausgesprochenen Konsequenz, daß man über dies nicht Existente auch nicht sprechen kann.

Zurück zum Ferkelbuch: Im März 2008 sprach die Bundesprüfstelle für jugendgefährdende Medien das Ferkelbuch vom Vorwurf des Antisemitismus frei und lehnte dessen Indizierung ab. Da es ihr ausschließlich um Fragen der Jugendgefährdung gehe, sei es des Weiteren irrelevant – so die Bundesprüfstelle –, ob das Buch das religiöse Empfinden der Gläubigen verletze. Was in der gesamten Ferkelbuch-Debatte ausgeklammert blieb, ist der eigentliche – und verborgene – Kern der Affäre: Die religiösen Empfindungen der *Ungläubigen*.

Das religiöse Empfinden der Ungläubigen

Ob sie ihr mit Toleranz, Respekt oder auch gleichgültig begegnen – heute scheinen »Ungläubige« der Religion gegenüber eine entspannte Haltung einzunehmen. Religion wird als Teil der »kulturellen Tradition« akzeptiert, und daß Nichtreligiöse Ostern feiern oder sich kirchlich trauen lassen, wird als selbstverständlich empfunden. Religion, so scheint es, wird heute von den »Ungläubigen« nicht als Feind angesehen – aber auch nicht ernst genommen.

Der Schein trügt. In einer Diskussionsrunde, an der ich unlängst teilnahm und bei der auch das Thema »Islam und Gewalt« zur Sprache kam, meinte ein Teilnehmer, daß Moslems, die sich am Koran orientierten, niemals Kriege führen oder Gewalt anwenden könnten. Daraufhin erhob sich ein anderer Teilnehmer und zitierte mehrere Koranverse – ohne jeden weiteren Kommentar. Unter anderem diesen:

»Wahrlich in die Herzen der Ungläubigen werfe ich Schrecken. So haut ein auf ihre Hälse und haut ihnen jeden Finger ab.« (Sure 8, Vers 12)

Die Diskussionsrunde bestand durchwegs aus nicht-religiösen Personen. Die Diskussion war denn auch von der geschilderten nonchalanten Haltung der Religion, hier dem Islam, gegenüber geprägt. Als die Koranverse zitiert wurden, änderte sich die Atmosphäre jedoch mit einem Schlag. Die Gelassenheit wich einem Gefühl des Unbehagens, die sich dann in kritische bis feindselige Wortmeldungen gegen den »Koranzitierer« entlud, der schließlich als Rassist beschimpft wurde.

Offensichtlich hatte der »Koranzitierer«, im präzisen Sinne des Wortes, ein Tabu verletzt. Nicht, indem er den Islam in ein schlechtes Licht gerückt hätte – er hatte ja bloß aus dem Koran zitiert. Vielmehr hatte er den Islam zu nahe, unzulässig nahe, an uns herangerückt. Was da in offene Aggression umschlug, war jene Tabu-Angst, die Angehörige archaischer Gesellschaften befällt, wenn sie sich in der Nähe eines heiligen und zugleich gefährlichen Bezirks wähnen.

Die entspannte Haltung postmoderner »Ungläubiger« der Religion gegenüber ist Fassade. Dahinter steckt das genaue Gegenteil, nämlich Angst – Tabu-Angst. Aber kann man sich vor etwas fürchten, woran man nicht glaubt? Gott, sagt Jaques Lacan, ist nicht tot, sondern unbewußt.

Wenn Gott tot ist, sind alle Religionen heilig

Um Mißverständnisse zu vermeiden: Für den Psychoanalytiker und Atheisten Lacan ist Gott nichtsdestoweniger tot. »Gott ist unbewußt« ist denn auch zusammen mit einer anderen Lacan'schen Formel zu lesen: »Wenn Gott tot ist, ist alles verboten.«

Gottes Tod hat keineswegs zur Folge, daß nun – wie Dostojewskis Raskolnikow sagt – alles erlaubt wäre. Im Gegenteil. Der tote Gott lebt als Untoter in unserem Unbewußten, und reguliert mit einer Fülle von Ge- und Verboten alle unsere Lebensbereiche, von der Politik über die Sexualität bis zur Ernährung. Und knechtet uns dabei weit effektiver als es der »lebendige« je vermochte.

Dieser unbewußte Gott, der uns in das Korsett sexueller und politischer Korrektheiten zwängt, der uns gebietet, aus unseren Körpern schlanke und schöne Hochleistungsmaschinen zu machen – dieser selbe Gott verbietet es uns auch, ernsthaft – und ernsthaft ist ein anderer Name für *kritisch* – über Religion zu reden. In Zeiten religiöser Nonchalance erscheint uns Religionskritik, eines der Leitmotive der Aufklärung und der Moderne, überholt.

Daß es so gekommen ist, hat nicht zuletzt mit einer eigentümlichen Dialektik der Aufklärung – der Wiege der modernen Religionskritik – zu tun: Die Absage der von den Aufklärern formulierten Religionskritik an den Absolutheitsanspruch der Religion mündete nicht etwa in die *Freiheit von Religion*, sondern in sogenannte *Religionsfreiheit*.

»Niemand soll wegen seinen Anschauungen, selbst religiöser Art, belangt werden, solange deren Äußerung nicht die [...] öffentliche Ordnung stört«, heißt es im Artikel X der Erklärung der Menschen- und Bürgerrechte[5], verabschiedet von der französischen Nationalversammlung wenige Wochen nach dem Sturm auf die Bastille. Die Religionsfreiheit, die hier gemeint ist, ist die Freiheit des Einzelnen in religiösen Dingen, die selbstverständlich auch die Freiheit *von* Religion mit einschließt. Aber im Begriff »Religionsfreiheit« scheint von Anfang an eine andere, dieser Vorstellung entgegengesetzte Bedeutung mitzuschwingen: Religionsfreiheit nicht als *Freiheit des Einzelnen gegenüber der Religion*, sondern als die *Freiheit der Religion gegenüber dem Einzelnen*. Als Anrecht aller möglichen religiösen Überzeugungen nicht nur auf Toleranz, sondern auf Respekt, Anerkennung, Achtung. Und unmerklich scheint es in den letzten zweieinhalb Jahrhunderten zu einer Akzentverschiebung gekommen zu sein. Von ersterer zu zweiterer Bedeutung. Von hier aus – dem Anspruch aller möglichen religiösen Überzeugungen auf Anerkennung und Achtung – ist es nicht weit zur heute vorherrschenden Tendenz, religiöse Überzeugungen aller Art sakrosankt zu stellen. Wenn Gott tot ist, ist jede Religion heilig.

Religionsfreiheit heute

Im April 2007 gab die deutsche Bundesregierung in Beantwortung einer parlamentarischen Anfrage die Anzahl der Moslems in Deutschland mit rund 3,4 Millionen an.[6] Als Moslems werden alle Migranten gezählt, die aus einem »mehrheitlich moslemischen Land« stammen – bzw. alle deutschen Staatsbürger mit einem entsprechenden Migrationshintergrund. Die Existenz von aus »mehrheitlich moslemischen Ländern« stammenden Anhängern anderer Religionen bzw. nicht-religiösen Menschen wird in Deutschland also von Amts wegen verleugnet. In Österreich ist die Zähl-

---

5 Déclaration des Droits de l'Homme et du Citoyen: http://www.univie.ac.at/hypertextcreator/revolution/site/browse.php?artiid=1077&__tpl=print.
6 Vgl. http://mediendienst-integration.de/fileadmin/Dateien/Muslime_Spielhaus_MDI.pdf

praxis der Behörden nicht anders. Was dabei zusätzlich unter den Tisch – und noch weit mehr ins Gewicht – fällt: Eine Untersuchung der *Forschungsgruppe Weltanschauungen in Deutschland* ergab, daß über 60 % aller in Deutschland Lebenden, die sich selbst als »Moslems« bezeichnen, in Wahrheit *nicht* religiös sind.[7] Für diese Menschen hat die Selbstzuschreibung »moslemisch« offenbar eine rein ethnisch-kulturelle Dimension. In etwa so, wie wenn ein norddeutscher Atheist von sich selbst sagen würde, er sei von seiner Arbeitsethik her »protestantisch«.

Religionsfreiheit bedeutet heute, daß sich die säkulare deutsche Bundesregierung die Freiheit nimmt, Nicht-Moslems, die aus islamischen Ländern stammen, sowie nicht-religiöse »ethnisch-kulturelle« Moslems zu islamisieren. Zwar auf der fiktiven Ebene der Statistik, aber mit handfesten, religionspolitischen Folgen – *cuius regio, eius religio* (Wes der Fürst, des der Glaub').

Religionsgleichheit: Alle haben gewonnen, und alle sollen Preise erhalten

Religionsfreiheit hat die grundsätzliche Gleichheit aller religiösen Gemeinschaften vor dem Gesetz zur Voraussetzung – seit der Aufklärung ein Grundprinzip demokratisch verfasster Gesellschaften, das auch dort gilt, wo einzelne Staaten, wie etwa England, eine bestimmte Religionsgemeinschaft institutionell bevorzugen. Ähnlich wie der Begriff *Religionsfreiheit* hat auch die Idee der Gleichheit aller Religionen (vor dem Gesetz) eine Wandlung durchlaufen – hin zu einer neuen, in der heutigen Debatte dominierenden Parallelbedeutung: Die Vorstellung, daß man, wenn man so verschiedene Phänomene wie etwa den Voodoo-Kult oder den Zen-Buddhismus mit der einen Etikette »Religion« versieht, auch schon etwas über sie weiß: Daß sie nämlich alle »irgendwie gleich« sind.

---

7 Vgl. http://hpd.de/node/2906

Im Dritten Kapitel von *Alice im Wunderland* findet auf Anregung des Dodo-Vogels ein Wettrennen statt, das sogenannte *Caucus-Rennen*.

»Erst bezeichnete er die Bahn, eine Art Kreis, und dann wurde die ganze Gesellschaft hier und da auf der Bahn aufgestellt. Es wurde kein: ›eins, zwei, drei, fort!‹ gezählt, sondern sie fingen an zu laufen, wenn es ihnen einfiel, hörten auf, wie es ihnen einfiel, so daß es nicht leicht zu entscheiden war, wann das Rennen zu Ende war. Als sie jedoch ungefähr eine halbe Stunde gerannt waren, rief der Dodo plötzlich: ›Das Rennen ist aus!‹ und sie drängten sich um ihn, außer Atem, mit der Frage: ›Aber wer hat gewonnen?‹ Diese Frage konnte der Dodo nicht ohne tiefes Nachdenken beantworten ... Endlich sprach er: ›Jeder hat gewonnen, und alle sollen Preise haben.‹«[8]

Gerade wer – wie die Teilnehmer am *Caucus-Rennen* über dessen Spielregeln – über einzelne zur Debatte stehende Religionen nichts weiß, weiß eines bestimmt: Daß alle Religionen gewonnen haben und alle Preise verdienen. Eine Devise, die unter umgekehrten Vorzeichen ihre Gültigkeit noch verstärkt: Wenn *eine* Religion kritisiert wird, gebietet *Religionsgleichheit*, daß *alle* verloren haben und *alle* Schelte verdienen. In der beschriebenen Islam-Diskussion kam diese verkehrte Dodo-Regel nach dem Auftritt des »Koranzitierers« umgehend zur Anwendung: Dem »Koranzitierer« wurden nacheinander Karlheinz Deschners *Kriminalgeschichte des Christentums*, die Kreuzzüge und der Umstand entgegengehalten, daß auch die Bibel einen gewalttätigen und opferfordernden Gott kenne. Dieser Automatismus, der religionskritische Argumente verwendet, um Religionskritik im Keim zu ersticken, hat sich in der Islam-Debatte als wirksames Instrument zur Aufrechterhaltung unartikulierter Redeverbote bewährt.

Religionsgleichheit begegnet man übrigens nicht nur in Diskussionsrunden und Online-Foren im Westen. Auch im islamischen Raum ist sie als unausgesprochenes Dogma weit

8 Lewis Carrol, *Alice im Wunderland,* Frankfurt am Main, 1998, S. 30.

verbreitet – etwa bei den »islamischen Neudenkern« Irans, deren Hauptvertreter, Abdolkarim Sorush, gerne als »islamischer Luther« bezeichnet wird, verbunden mit der Vorstellung, man könne den Islam (weil eben alle Religionen »irgendwie gleich« sind), genauso wie das Christentum einer lutherischen Reformation unterziehen, um ihn mit der Moderne kompatibel zu machen.

Religionsgleichheit, aber manche sind gleicher

Bei genauerem Hinsehen scheint die verkehrte Dodo-Regel (»Wird eine Religion gescholten, haben alle Religionen verloren«) aber ausschließlich für den Islam zu gelten. Umgekehrt würde es niemandem einfallen, jegliche Kritik am Christentum damit zu kontern, daß auch der Islam »verloren habe und Schelte verdiene«. Diese Sonderstellung, die der Islam vor allem in liberalen und »linken« Debatten des Westens genießt, hat mit einer Art Beißhemmung zu tun. Man will – nicht zuletzt angesichts der Hetze gegen Menschen aus mehrheitlich moslemischen Ländern – nicht dem Eurozentrismus das Wort reden, und überheblich scheinen, indem man die »eigene« über die »fremde Kultur« stellt. Das scheint nachvollziehbar. Problematisch dabei ist, daß nicht-religiöse Liberale und Linke sich hier unversehens als »doch irgendwie christlich« outen. Denn gäbe es keine Identifizierung mit dem Christentum, wäre die Sorge, den Eindruck der *eigenen* Überheblichkeit ausgerechnet dadurch zu erwecken, daß man in den Verdacht kommt, das Christentum als (dem Islam) überlegen darzustellen, gegenstandslos. Und: Abgesehen davon, daß in einem solchen *Diskurs der Schonung* eine gehörige Portion Geringschätzung mitschwingt (»Ich schone dich, weil du schwach bist und die ganze Wahrheit nicht vertragen würdest«), stellt sich die Frage, inwieweit der moslemische Andere unserer Schonung überhaupt bedarf. Denn möglicherweise sitzen wir, die wir unseren eigenen, unbewußten Glauben verleugnen, einem weiteren Mißverständnis auf, wenn wir – auf der anderen Seite – dem traditionellen Moslem eine umso lückenlosere Identifikation mit seinem Glauben zuschreiben. Wie Robert Pfaller[9] nachgewiesen hat, ist der direkte, unmittelbare Glaube kein traditionelles, sondern im Gegenteil ein modernes Phänomen. Wohingegen der traditionelle, vormoderne Gläubige, der die Möglichkeit hat, seinen Glauben – etwa durch Rituale – aus sich gewissermaßen auszulagern, diesen keineswegs als etwas Unmittelbares erlebt.

Den Islam gibt es nicht! – und *die* Semmel schon gar nicht

Die Abwehrmechanismen, die das Reden über den Islam zu unterbinden versuchen, erschöpfen sich nicht in diversen Anwendungen des Dodo-Prinzips. Am häufigsten werden kritische Äußerungen über den Islam mit der Formel »*Den* Islam gibt es nicht!« gekontert. Der wahrscheinlich häufigste Satz in deutschsprachigen Islam-Debatten. »*Den* Islam gibt es nicht!« meint vordergründig, daß der Islam kein monolithisches Phänomen ist, daß es verschiedene Lesarten des Islam geben kann, daß Moslems in Bosnien einen »liberaleren Islam« leben als jene in Saudi-Arabien usw.

Der Hinweis auf diese Selbstverständlichkeiten scheint die Ermahnung zu enthalten, nicht über »*den* Islam« zu reden, da der Begriff *Islam* zu abstrakt resp. zu allgemein sei – eine harmlose Ermahnung, möchte man meinen.

Es stellt sich aber die Frage, ob es in unserer Sprache überhaupt Begriffe gibt, auf die eine solche Formel *nicht* zutrifft. Denn mit demselben Recht, oder Unrecht, mit dem ich sagen kann: »*Den* Islam gibt es nicht!« kann ich auch sagen: »*Das* Fahrrad/*den* Fisch/*die* Frau/*die* Demokratie usw. gibt es nicht!« So daß ich auch über alle diese Begriffe nicht reden dürfte – d. h. über überhaupt keinen Begriff. Mehr noch: Dieses Verbot müßte nicht bloß für Begriffe, sondern auch für konkrete Personen oder Gegenstände gelten, so daß wir überhaupt aufhören müßten zu reden. Folge ich der Logik von

9 Robert Pfaller, *Die Einbildungen der Anderen,* Frankfurt am Main, 2002.

»*Den* Islam gibt es nicht!«, könnte ich auch über Freund Erwin und diese Semmel auf dem Teller nicht reden. Denn auch »*den* Erwin« gibt es nicht: In zehn Jahren wird »*der* Erwin« ein ganz anderer sein – ganz zu schweigen von »*der* Semmel«.

Um der Absurdität solcher Konsequenzen zu entkommen, könnte ein Verteidiger der Formel »*Den* Islam gibt es nicht!« argumentieren, es ginge darum, über den Islam in differenzierter Weise zu reden. Man solle eben nicht über »*den* Islam« reden – das sei nicht konkret genug –, sondern zum Beispiel über den bosnischen Islam oder den saudiarabischen Islam. In diesem Fall würde sich allerdings die Frage stellen, ob die Einheiten »bosnischer Islam« und »saudiarabischer Islam« klein genug bzw. die Begriffe »bosnischer Islam« und »saudiarabischer Islam« konkret genug sind, um sinnvoll über sie reden zu können. Denn, wenn es »*den* Islam« nicht gibt, könnte es ja sein, daß es auch »*den* bosnischen« und »*den* saudiarabischen Islam« nicht gibt.

Entscheidender ist aber, daß wir über die Begriffe »bosnischer Islam« und »saudiarabischer Islam« überhaupt nichts sagen können, solange wir über »*den* Islam« nichts wissen, d. h. solange wir nicht wissen, was diese beiden Varianten des Islam, neben ihrer Unterschiedlichkeit, gerade *verbindet*. Über »*den* Islam« müßten wir also erst recht reden, also über jenen allgemeineren Begriff, der den spezielleren Begriffen »bosnischer« und »saudiarabischer Islam« zugrunde liegt – über genau jenen »*den* Islam«, den es angeblich nicht gibt.

Vertreter der Formel »Den Islam gibt es nicht!« sprechen übrigens unter bestimmten Umständen sehr wohl über »*den* Islam«. Wenn etwa in einem Online-Forum der Satz auftaucht: *Der Islam hat ein grundsätzliches Problem mit Demokratie, weil Islam Unterwerfung (unter den Willen Allahs) bedeutet – wohingegen Demokratie auf der Souveränität des Volkswillens gründet.*, wird früher oder später jemand antworten: »*Den* Islam gibt es nicht!«, um dann vielleicht in einem anderen Posting, zu sagen: »*Der* Islam läßt sich auch liberal interpretieren« oder »*Der* Islam ist eine tolerante Religion. Das hat sich während der islamischen Herrschaft über Spanien gezeigt.« u. ä.

Diese selektive Anwendungspraxis weist »*Den* Islam gibt es nicht!« als klassische Abwehrformel aus, die nur dann in Stellung gebracht wird, wenn es gilt, Kritik am Islam zu unterbinden – niemals, wenn »positive Aspekte« des Islam zur Sprache kommen.

... hat nichts mit dem Islam zu tun

Genauso zielgerichtet – und für ihre eigene Zielgerichtetheit blind – verfährt die andere Abwehrformel der Islam-Debatte: »Das hat doch mit dem Islam nichts zu tun!« Auch sie kommt nur dann zum Einsatz, wenn es um »negative« bzw. als »negativ« empfundene Aspekte des Islam geht. Etwa in Debatten über die Stellung der Frau. Die Stellung der Frau im Islam *habe überhaupt nichts mit dem Islam zu tun,* so ein gängiges »feministisches« Argument, sehr wohl aber – und sehr viel – mit dem »Patriarchat« (Interessant wäre an dieser Stelle der Einwand: »*Das* Patriarchat gibt es nicht!«).

Und auch hier gilt, daß die Formel »Das hat ja mit dem Islam nichts zu tun!« ihre Gültigkeit in anderen, »positiven« Zusammenhängen auf einmal verliert. Wenn zum Beispiel vom mittelalterlichen Transfer antiken Wissens durch die »islamische Wissenschaft« nach Europa die Rede ist, hat dieser Transfer auf einmal *alles* mit dem Islam zu tun – und es würde niemandem einfallen zu sagen: »Das hat doch mit dem Islam nichts zu tun!«

Was aber verwundert. Nicht bloß, weil es sich hier um den Transfer antiken – und eben nicht »islamischen« – Wissens handelt. Zu bezweifeln ist auch die Charakterisierung der Träger dieses Transfers als »islamisch«. Jemanden wie den iranischen Philosophen und Naturwissenschaftler *Zacharias Rases* »islamisch« zu nennen, ist genauso absurd wie die Bezeichnung von Marx, Nietzsche oder Freud als »christliche Denker«. Rases war zwar Theist, aber kein Moslem. Er lehnte das Konzept der göttlichen Offenbarung gänzlich ab. Andere für diesen Zusammenhang wichtige Denker wie *Avicenna* oder *Farabi* waren zwar Moslems – ob ihr Beitrag zum besagten Transfer antiken Wissens mit dem Islam zu tun hatte, darf aber bezweifelt werden. Beide versuchten, die antike Philosophie mit den Lehren des Islam in Einklang zu bringen. Vergebens, wie der – in diesem Fall zu Recht – als islamisch zu bezeichnende Denker *Ghazali* in seiner *Destructio philosophorum*[10] mit nachvollziehbaren Argumenten darlegt: In ihrem Bemühen, die Lehren des Islam an die Philosophie der Griechen anzupassen, seien Avicenna, Farabi und die anderen »islamischen Philosophen« vom Islam abgefallen.

Während sie also Phänomene, bei denen es zumindest fraglich ist, ob sie mit dem Islam zu tun haben oder hatten, wie jenen Kulturtransfer, mühelos dem Islam einverleiben, behaupten Vertreter der Formel »Das hat doch mit dem Islam nichts zu tun!« auf der anderen Seite, die Stellung der Frau im Islam habe nichts mit dem Islam zu tun.

Von solchen Abwehrformeln geht gerade wegen ihrer Absurdität eine hypnotische Kraft aus, die für das Offensichtliche blind macht und den Diskurs über den Islam, wo sie ihn nicht gänzlich verunmöglicht, lahmlegt.

Die Notwendigkeit, über den Islam zu reden, bedarf keiner Begründung. Die Bedingungen der *Un*möglichkeit dieses Redens zu analysieren ist die Bedingung seiner Möglichkeit.

---

10 Abu Hamid Muhammad Al-Ghazali, *Tahafut al-Falasifah,* Beirut 2010.

Emma und die Revolutionen im Iran

Als anläßlich des zehnten Jahrestages der Oktoberrevolution die »Kommission für die Jubiläumsfeierlichkeiten des Zentralexekutivkommitees« Sergej Eisenstein mit der Produktion eines Jubiläumsfilms beauftragte, drehte Eisenstein an Originalschauplätzen und mit Revolutionären von 1918 eine, wie wir heute sagen würden, docufiction, *Oktober*, die zum Filmklassiker avancierte. Tausende ehemalige Revolutionäre spielten zehn Jahre nach der Oktoberrevolution – sich selbst.

An den Protesten nach den gefälschten iranischen Präsidentschaftswahlen im Juni 2009 nahmen viele teil, die schon an der Revolution 1979 teilgenommen hatten, zum Teil dieselben Parolen skandierend, die sie auch damals gegen das Schah-Regime skandiert hatten. Der Weltöffentlichkeit wurden vor allem die nächtlichen *Allaho-akbar*-Rufe von den Dächern Teherans bekannt.

Daß als »historisch« empfundene Ereignisse, wie der Anschlag vom 11. September 2001 oder die jüngste Weltwirtschaftskrise, mit (vermeintlichen) historischen Vorläufern verglichen oder zu Wiederholungen dieser ihrer (vermeintlichen) Vorläufer-Ereignisse deklariert werden, ist nicht neu. Historisierungen dieser Art sind Domestizierungsversuche. In einen geschichtlichen und daher vertrauten Sinnzusammenhang gestellt, wird dem Neuen sein Neues und damit sein Beunruhigendes genommen.

Der Rekurs der iranischen Protestbewegung auf die Revolution von 1979 schien jedoch einem anderen Muster zu folgen, sie sandte jedenfalls keine Signale der Beruhigung aus. Zwar sind den Beteuerungen ihrer »Führer«, sie strebten alles andere an als eine Wiederholung der 1979er Revolution, Glauben zu schenken. Nichtsdestoweniger inszenierte sich die Protestbewegung selbst als Beschwörung ebendieser Revolution. Sollte diesem Widerspruch so etwas wie eine Botschaft zugrunde liegen – und nicht bloß die Kluft zwischen den Führern dieser Bewegung und ihrer Basis –, kann diese nur in einer Warnung an die Adresse der Herrschenden bestehen: Ja, wir haben von Revolutionen genug, wenn ihr uns aber keine Wahl laßt, ist es irgendwann wieder so weit.

Die Warnung erreichte ihren Adressaten. Im August 2009 nannte Ali Khamenei, der Führer der Islamischen Republik, die Protestbewegung »eine Karikatur der Revolution von 1979«, womit er – gerade im Versuch, sie zu leugnen – seine Angst vor seinen aufbegehrenden Untertanen umso sichtbarer machte – und dabei an die Worte eines Analysanden Freuds erinnerte: »Sie fragen, wer diese Person im Traum sein kann. Die Mutter ist es *nicht*.« Freud berichtigt: »Also ist es die Mutter.«[1]

Dennoch verweist Khameneis Rede von der Freiheitsbewegung als Karikatur auf eine real existierende Gefahr. Die Proteste nach den Präsidentschaftswahlen im Juni 2009 wurden vielfach als eine Nachstellung der Revolution von 1979 empfunden, und unweigerlich fühlt man sich an die Oktober-Revolutionäre erinnert, die in Eisensteins Massenszenen sich selbst spielen durften. Heißt aber eine Revolution zu reinszenieren nicht zwangsläufig Revolution zu spielen statt sie zu machen?

So genuin die politischen Forderungen der iranischen Freiheitsbewegung auch waren, historische Reinszenierungen laufen immer Gefahr, komisch zu wirken. Marx' Behauptung, Geschichte ereigne sich einmal als »große Tragödie«, im Wiederholungsfall aber als »lumpige Farce«, scheint in diese Richtung zu weisen – nicht auszuschließen, daß Khamenei, der in den 70 Jahren des letzten Jahrhunderts den intellektuellen Mullah gab, sich bei seiner Diffamierung der Demokratiebewegung von diesem Zitat leiten ließ, so daß man versucht ist, Khameneis Worte ihrerseits zur Karikatur eines Marx-Zitats zu erklären.

---

1 Sigmund Freud, *Die Verneinung*. In ders., *Das Ich und das Es, Metapsychologische Schriften,* Frankfurt am Main 1993, S. 319.

Was aber hat es mit der Marx'schen Gegenüberstellung »Farce versus Tragödie« auf sich?

»Hegel bemerkte irgendwo, daß alle großen weltgeschichtlichen Thatsachen und Personen sich sozusagen zweimal ereignen. Er hat vergessen, hinzuzufügen: das eine Mal als große Tragödie, das andere Mal als lumpige Farce.«[2]

In diesem Anfangssatz des *Achtzehnten Brumaire des Louis Bonaparte* spielt Marx auf den Staatstreich Louis Bonapartes (des späteren Napoléons III.) im Dezember 1851 sowie auf jene Periode der französischen Geschichte an, die mit der Februarrevolution von 1848 begann und mit Napoléons Staatstreich endete. Beides – den Staatstreich und die ihm vorausgegangenen Ereignisse – stellt Marx als *lumpige Farce* der *großen Tragödie* der Französischen Revolution 1789 und der Machtergreifung Napoléons I. 1799 gegenüber. Wagt man sich über den Einleitungssatz hinaus, findet man im zweiten Absatz den Hinweis, daß nicht bloß die »kleinere« Französische Revolution von 1848 die »größere« von 1789 imitiert hätte – die »größere« Revolution hätte sich ihrerseits schon als Wiederholung inszeniert:

»Die Revolution von 1789–1814 drapierte sich abwechselnd als römische Republik und als römisches Kaisertum.«[3]

Und diese uns skurril anmutende Verkleidung der französischen Revolutionäre als Römer scheint kein einmaliges geschichtliches Kuriosum gewesen zu sein, vielmehr ein in der Geschichte politischer und religiöser Revolutionen wiederkehrendes Muster. Marx erwähnt Luther, der sich *als Apostel Paulus [...] maskiert* und *Cromwell und das englische Volk,* die dem Alten Testament *Sprache, Leidenschaften und Illusionen für ihre bürgerliche Revolution entlehnt* hätten[4].

»Die Tradition aller toten Geschlechter lastet wie ein Alp auf dem Gehirne der Lebenden. Und wenn sie eben damit be-

---

2 Karl Marx, *Der achtzehnte Brumaire des Louis Bonaparte,* Frankfurt am Main 2007, S. 9.
3 Ebd. S. 10.
4 Ebd. S. 11.

schäftigt scheinen, sich und die Dinge umzuwälzen, noch nicht Dagewesenes zu schaffen, gerade in solchen Epochen revolutionärer Krise beschwören sie ängstlich die Geister der Vergangenheit zu ihrem Dienste herauf.«[5]

Folgt man dieser Passage, sind Revolutionen ohne Reinszenierung von vergangenen Revolutionen – Marx spricht von *Totenbeschwörung* – nicht zu haben. Und konfrontiert mit dieser zweiten Behauptung bedarf jene erste, an Hegel angelehnte, daß sich Geschichte das eine Mal als Tragödie ereigne, das andere Mal als lumpige Farce, einer Revision. Schon jenes ursprünglichere Ereignis erscheint seinerseits als Karikatur eines anderen, weiter zurückliegenden Ereignisses und so fort. Wenn 1848 die Karikatur von 1789 und Louis Bonaparte die Karikatur seines Onkels sein soll, dann müssen wir die französische Republik ihrerseits zur Karikatur der römischen und den ersten Napoléon zur Karikatur Caesars deklarieren.

Um zu erklären, warum zwar alle Revolutionen eine Farce sind, manche aber dennoch große Tragödien, führt Marx hier ein Unterscheidungskriterium ein:

»… die Heroen wie die Parteien und die Masse der alten französischen Revolution vollbrachten in dem römischen Kostüme und mit römischen Phrasen die Aufgaben ihrer Zeit, die Entfesselung und Herstellung der modernen bürgerlichen Gesellschaft.«[6]

Ob eine Revolution von der Sorte *Tragödie* oder *Farce* ist, wäre also, anders als es der Anfangssatz des *Achtzehnten Brumaires* suggeriert, nicht bloß eine Frage der historischen Abfolge – was im Fall der iranischen Demokratiebewegung bedeuten würde, daß ihr, ganz im Sinne Khameneis, die Etikette *Farce* zukommen würde, bloß weil sie sich 30 Jahre nach der 1979er Revolution ereignet hat. Vielmehr müßte geklärt werden, ob und wie weit sie imstande ist, »die Aufgaben ihrer/unserer Zeit« zu erfüllen.

Diese Frage wird aber wohl erst *nachträglich*, also (Jahre)

5 Ebd. S. 9.
6 Ebd. S. 10.

nach einem allfälligen Sieg der iranischen Demokratiebewegung zu beantworten sein, so daß wir, was die Frage der Bewertung der iranischen Freiheitsbewegung betrifft, mit leeren Händen da stünden – würde uns nicht gerade der Begriff der *Nachträglichkeit* einen möglichen Ausweg weisen.

In seinem posthum veröffentlichten *Entwurf einer Psychologie* beschreibt Freud den Fall einer jungen Frau, Emma, die »unter dem Zwange steht, daß sie nicht allein in einen Kaufladen gehen kann«. Emma selbst bringt ihr Symptom mit einer Erinnerung in Zusammenhang, in der sie als Zwölfjährige, »kurz nach der Pubertät«, wie Freud schreibt, »in einen Laden etwas einkaufen ging, die beiden Kommis [kaufmännische Angestellte, Anm. von mir] miteinander lachen sah und in irgendwelchem Schreckaffekt davonlief«. »Weiteres Forschen«, so Freud, »deckt nun eine zweite Erinnerung auf [...]. Als Kind von acht Jahren ging sie in den Laden eines Greißlers, allein, um Näschereien einzukaufen. Der Edle kniff sie durch die Kleider in die Genitalien« – und lächelte dabei⁷. Aus diesen und anderen Angaben Emmas folgert Freud, daß das Lachen der beiden Kommis die Zwölfjährige (unbewußt) an das Grinsen des Greißlers und an den sexuellen Übergriff erinnerte, den sie mit acht erdulden mußte. Und erst in diesem Moment sei bei dem mittlerweile sexuell gereiften Mädchen der Übergriff des Greißlers zum (wiederum unbewußten) »nachträglichen Trauma« geworden, das sich in das rätselhafte Symptom verwandelt hätte, nicht allein in einen Laden gehen zu können.

Freud zieht aus dieser für das psychoanalytische Konzept der Nachträglichkeit exemplarischen Fallgeschichte den Schluß, »daß eine *Erinnerung* einen Affekt erwecken könne, den sie als *Erlebnis* nicht erweckt hatte, weil unterdes die Veränderung der Pubertät ein anderes Verständnis des Erinnerten ermöglicht hat« (Hervorhebungen von mir).⁸

---

7 Sigmund Freud, *Entwurf einer Psychologie.* In ders., Gesammelte Werke, Nachtragsband, Frankfurt am Main 1999, S. 445.
8 Ebd.

Nachträglichkeit in diesem Sinne heißt nicht bloß, daß die »wahre Bedeutung« eines Ereignisses, im Falle Emmas das sexuelle und daher traumatisierende Moment des Übergriffs, erst nachträglich verstanden wird, sondern daß ein wesentlicher Aspekt – fast möchte man sagen, die Wahrheit des Ereignisses – erst nachträglich wirksam wird, ja sich überhaupt erst nachträglich *ereignet*, da dem Subjekt zu einem späteren Zeitpunkt ein neues Deutungsinstrumentarium zur Verfügung steht, in Emmas Fall dasjenige eines sexuell gereiften Subjekts.

Daß gerade Freud eine Achtjährige als asexuelles Wesen zu betrachten scheint – gilt er nicht als Entdecker der infantilen Sexualität? –, überrascht allerdings, ebenso wie die Auffassung, daß für Emma die Szene, die sie beim Greißler erlebte, nicht schon im Moment des Erlebens traumatisch gewesen sein soll. Aber ungeachtet der Irritationen, die Emmas Fallgeschichte auslösen mag – das Freudsche Konzept der Nachträglichkeit könnte auf die seltsame Beziehung zwischen der »Tradition der toten Geschlechter« und jenen Revolutionären, die in der Gegenwart »damit beschäftigt scheinen, sich und die Dinge umzuwälzen«, ein unerwartetes Licht werfen: Nicht die Revolutionen der Vergangenheit determinieren jene der Gegenwart, vielmehr hat die Gegenwart das Potenzial, das in der Vergangenheit Angelegte, aber nicht Eingelöste überhaupt erst Wirklichkeit werden zu lassen.

In dieser Sicht wäre die Reinszenierung der iranischen Revolution von 1979 durch die aktuelle Demokratiebewegung ein Akt der *Erinnerung*, durch den die »Wahrheit« der 1979er Revolution überhaupt erst die Möglichkeit hätte, Wirklichkeit zu werden. So wie bei Emma das sexuelle Trauma überhaupt erst nach ihrer, laut Freud, sexuellen Reifung stattfinden konnte.

Aber sollten wir beim Versuch, das psychoanalytische Konzept der Nachträglichkeit auf die Theorie revolutionärer Reinszenierungen zu übertragen, nicht vorsichtiger sein? Nicht so sehr wegen des üblichen Einwands, Theorien der Psychoanalyse seien, weil im individuellen Kontext entstanden, nicht auf Politik und Geschichte anzuwenden – sondern wegen eines grundsätzlicheren Problems. Freuds Konzept der Nachträglichkeit scheint nicht einmal innerhalb der psychoanalytischen Theorie Allgemeingültigkeit beanspruchen zu wollen: Freud sprach ja von Nachträglichkeit fast ausschließlich im Zusammenhang mit seinen Trauma-Theorien. Müßte man also den Begriff der Nachträglichkeit, um ihn auf eine Theorie der Revolutionen anwenden zu können, nicht erst aus der Umklammerung durch die Theorie de Traumas befreien?

Täten wir das, würden wir allerdings eine allgemeine Theorie beliebiger nachträglicher Umarbeitungen von Erinnerungen erhalten, die uns die Sicht auf einen vielversprechenden Zusammenhang verstellen würde: Daß in der Geschichte von Revolutionen eine Parallele zum nachträglichen Wirksamwerden von Traumen in Fallgeschichten wie jener von Emma existiert. Ein »nachträglich Traumatisches« der Revolution. Gemeint ist nicht, daß Revolutionen im Gedächtnis von Gesellschatften nun einmal als traumatische Zäsur verzeichnet sind, also nicht jene Exzesse der Gewalt, Hinrichtungen, Säuberungen, Vertreibungen, Enteignungen. Das nachträglich Traumatische von Revolutionen bleibt, im Unterschied zu diesem ihren »offensichtlich Traumatischen«, zunächst »unerhört«, ist es doch nicht an dem festzumachen, was eine Revolution *war*, sondern an dem, was sie hätte sein können und *nicht war*. An dem, was verheißen – und gebrochen wurde. Es geht hier aber auch nicht um die Kluft zwischen revolutionärem Anspruch und postrevolutionärer Wirklichkeit, nicht darum, daß »die Ideale der Revolution verraten worden wären«. Der Hund liegt in den Idealen selbst. Die iranische Revolution von 1979 war nicht – wie es ein Gerücht haben will – eine ursprünglich säkulare (bürgerliche/ linke) Bewegung, die später pervertiert wurde. Sie war von Anfang an pervers. In die säkularen, linken und bürgerlichen Rufe nach Demokratie und sozialer Gerechtigkeit hatten sich von Anfang an andere Stimmen gemischt.

Wie Emma den obszönen Übergriff – und das Lächeln – des Greißlers im Moment, als sie es erlebte, nicht zu decodieren vermochte, so fehlten der iranischen Gesellschaft von 1979 die Decodierungsinstrumente, um zu erkennen, daß die zentrale Parole ihrer Revolution

Freiheit
Unabhängigkeit
Islamische Republik

von der »traumatischen Rückkehr der opferfordernden, obszönen Über-Ich-Gottheit«[9] kündete. Das *Islamische* an der herbeiskandierten *Republik* wurde im Gegenteil als Sicherheitsventil zur Verhinderung mißliebiger Aspekte der Moderne verstanden. Jener Moderne, deren »gute« Seiten – Menschenrechte, bürgerliche Freiheiten, Rechtsstaatlichkeit – die Iraner ja keineswegs missen wollten. Genau dafür waren sie auf die Straße gegangen und hatten ihren Kaiser verjagt. *Islamisch* als anachronistisches Beiwort zum modernen Ideal der *Republik* wurde mit der heilen Welt – und dem Lächeln – eines gütigen, weisen Dorfgeistlichen assoziiert. *Islamisch* stand, ins Christliche gewendet (was man aber nicht tun sollte – solche Analogiebildungen verführen dazu, über grundlegende Differenzen zwischen Islam und Christentum hinwegzusehen), für den Kräuterpfarrer und die Idylle im Kloster, nicht aber für Savonarola und schon gar nicht für Inquisition.

Was das *Islamische* an der nach der Revolution von 1979 gegründeten Republik tatsächlich bedeutete, konnte also erst nachträglich – im doppelten Wortsinn – »realisiert« werden, im vollen Umfang erst in einem Moment, in dem die Abschaffung der Islamischen Republik zum ersten Mal seit ihrer Gründung zur Debatte steht.

Die am meisten und am kontroversiellsten diskutierte Parole der iranischen Protestbewegung ist der zentralen Parole der 1979er Revolution nachempfunden:

---

9 Slavoj Žižek, *Auf verlorenem Posten,* Frankfurt am Main 2008, S. 97.

Freiheit
Unabhängigkeit
Iranische Republik

Den mit dem Iran Unvetrauten muß die Rede von der »Iranischen Republik« irritieren. Was soll damit gemeint sein? Eine dem iranischen Nationalismus verpflichtete Republik? Eine für den Iran maßgeschneiderte, noch zu entwickelnde Staatsform? Die in diesen Fragen enthaltenen Vorwürfe, die Parole würde dem illusionären Wunsch nach einem iranischen Demokratie-Sondermodell das Wort reden resp. einem iranischen Nationalismus, werden häufig auch in iranischen Medien inner- und außerhalb Irans gegen die Rede von der »Iranischen Republik« geltend gemacht. Also von Leuten, die den Hintergrund und den Kontext der Parole kennen und es besser wissen müßten. Ihnen sei unterstellt, das Offensichtliche, aus welchen Motiven auch immer, nicht sehen zu wollen.

Seit Juni 2009 kursieren im Iran Geldscheine, auf denen in der Staatsbezeichnung »Islamische Republik Iran« das Beiwort »Islamisch« durchgestrichen ist. Übrig bleibt: »Republik Iran«. Die Parole von der »Iranischen Republik« ist das Ergebnis dieses Subtraktionsverfahrens. Das »Iranische« der »Iranischen Republik« kann keinen wie immer gearteten materialen Inhalt (Nationalismus, ein iranisches Sonder-Staatsmodell etc.) beanspruchen. »Iranisch« ist nichts als die Leerstelle für das durchgestrichene »Islamisch«.

Indem aber die Parole

Freiheit
Unabhängigkeit
Iranische Republik

an die zentrale Parole der 1979er Revolution

Freiheit
Unabhängigkeit
Islamische Republik

anknüpft, verweist sie auf jenes Traumatische der 1979er Revolution, das sich im Sinne der Freudschen Nachträglichkeit erst jetzt realisieren kann. Und das die Rede von der »Iranischen Republik« – indem sie es wagt, den Finger auf jene traumatische Wunde zu legen und »Islamisch« durch »Iranisch« zu ersetzen – zugleich außer Kraft setzt.

Walter Benjamin hat – wohl ohne Kenntnis des Freudschen Begriffs der Nachträglichkeit – eine Art historische Theorie der Nachträglichkeit entwickelt. So wie es bei Freud bestimmte Ereignisse in der Gegenwart gibt, die bestimmte Ereignisse der Vergangenheit nachträglich zu dem werden lassen, was sie eigentlich waren, kann auch für Benjamin die Gegenwart die Vergangenheit rückwirkend verändern. Es geht aber bei Benjamin, anders als bei Freud, nicht um die nachträgliche Realisierung eines Traumas. Benjamin schreibt der Gegenwart im Gegenteil »eine schwache messianische Kraft« zu. Die Gegenwart, so ließe sich Benjamin lesen, kann die Vergangenheit erlösen.

»Ist dem so, dann besteht eine geheime Verabredung zwischen den gewesenen Geschlechtern und unserem. Dann sind wir auf der Erde erwartet worden. Dann ist uns wie jedem Geschlecht, das vor uns war, eine schwache messianische Kraft mitgegeben, an welche die Vergangenheit Anspruch hat. Billig ist dieser Anspruch nicht abzufertigen.«[10]

Mit der Reinszenierung der Revolution von 1979 setzt die iranische Freiheitsbewegung einen Akt der Erinnerung und nachträglichen »Realisierung« von deren traumatischer Wahrheit. Diese Realisierung geschieht auf Seiten der Freiheitsbewegung auf der symbolischen Ebene. Zugleich ereignet sich diese nachträgliche Realisierung aber auch real: Angesichts der Massenproteste sah und sieht sich das aus jener Revolution hervorgegangene Regime gezwungen, deutlicher als zuvor seine wahre Fratze zu zeigen. Vom brutalen Vorgehen gegen friedliche Demonstranten bis hin zu Tötungen,

---

10 Walter Benjamin, *Über den Begriff der Geschichte*. In: ders., Gesammelte Schriften, Bd I.2, Frankfurt am Main 1980, S. 691.

Schauprozessen, Vergewaltigungen, Folterungen. All das könnte man als das Freudianische der iranischen Freiheitsbewegung bezeichnen.

Wie ich anhand der Parole von der »Iranischen Republik« zu zeigen versuchte, eine Parole, in der sich die Anliegen der Avantgarde der Freiheitsbewegung verdichten und artikulieren, geht das reinszenierende Erinnern der Islamischen Revolution, genauer des »Islamischen« jener Revolution, mit ihrer symbolischen Außer-Kraft-Setzung einher (Ersetzen von »Islamisch« durch »Iranisch«). In der Beschwörung der Revolution von 1979 geht die Freiheitsbewegung daran, jene Revolution nachträglich vom traumatischen Kern ihrer selbst zu erlösen.

In diesem Sinne ist die iranische Demokratiebewegung Benjaminisch.

Warum wir fremde Kulturen nicht respektieren sollten. Und die eigene auch nicht.

Jedes fünfte Mitglied des im Mai 2012 gebildeten ersten Kabinetts des französischen Präsidenten Francois Hollande hatte »Migrationshintergrund«. In der europäischen Öffentlichkeit wurde diese Nachricht fast durchwegs positiv kommentiert. Hollandes Personalpolitik stelle ein längst fälliges Signal der Öffnung dar und würde der multikulturellen Realität der Gesellschaft endlich Rechnung tragen. Nachahmung dringend empfohlen.

Diesem Tenor möchte ich im Folgenden widersprechen. Und zu zeigen versuchen, daß Hollandes personalpolitische Entscheidung der gesellschaftlichen Realität zwar tatsächlich Rechnung trägt, aber insofern, als diese vom gesellschaftlichen *Diskurs* bestimmt ist. Und daß der aktuelle gesellschaftliche Diskurs, wenn es um »uns« und »die Migranten« geht, jenem problematischen Prinzip verpflichtet ist, das ich *Kulturprinzip* nennen möchte.

In seinem kulturkritischen Hauptwerk *Das Unbehagen in der Kultur*[1] verwendet Freud den Begriff *Kultur* als Gegenbegriff gegen *Natur*. Um dessen Überleben zu sichern, würde die Kultur die Natur des Menschen, seine sexuellen und aggressiven Triebe, in enge Schranken weisen. Der Triebverzicht, den ihm die Kultur dabei abverlange, würde den Menschen – wo er ihm den Weg zum Glück nicht zur Gänze versperrt – in seinem Glücksstreben empfindlich stören.

Wenn wir *heute* über »fremde« und »eigene Kultur«, »Leitkultur«, »Multikulturalität« usw. reden, stellen wir Freuds Konzept von Kultur geradezu auf den Kopf. Über »Kultur» reden wir heute so, als redeten wir über Natur.

---

1 Sigmund Freud, *Das Unbehagen in der Kultur,* Frankfurt am Main 1994.

Denn: Was bedeutet es etwa, wenn wir von einer »fremden Kultur«, z. B. der »Kultur der Türken«, im Unterschied zu »unserer eigenen« reden?

Fragen wir uns, was das sei, die »fremde« oder die »eigene Kultur«, fällt uns zunächst die Sprache ein. Aber Sprache allein kann es nicht sein. Denken wir an »Integration«: Wenn wir »Integration« sagen, meinen wir in der Regel, daß Angehörige »fremder Kulturen«, »sich ›bei uns‹ integrieren« sollten. Damit meinen wir zwar *auch*, daß jene Fremden unsere Sprache lernen und sprechen sollten – aber nicht nur. Es scheint um mehr zu gehen.

Aber worin besteht dieses Mehr? Über Sprache hinaus wird es auf einmal schwer zu sagen, was mit »Kultur«, der eigenen oder der fremden, gemeint sein könnte. Den meisten würde nach der Sprache Kultur im Sinne von Kunst und Folklore einfallen: Malerei, Musik, Tanz, Literatur. Das alles scheint zu unserer Vorstellung von »fremder« und »eigener Kultur« dazuzugehören – aber nicht zentral zu sein. Malerei, Musik, Tanz, Literatur empfinden wir eher als *Symptome* einer (fremden oder eigenen) Kultur – nicht als deren Wesen.

Fände diese unsere Diskussion in Österreich statt, würden spätestens jetzt – wie bei Diskussionen über »Integration« regelmäßig der Fall – Begriffe wie »Burenheidl«[2], »Wiener Schnitzel« und »Bier« fallen. Aber – wir wollen nicht aufgeben, und es noch einmal versuchen. Woran wir denken, wenn wir »fremde Kultur« sagen, scheint auf so etwas wie Lebensart oder Lebensweise hinauszulaufen. »Fremde Kultur« scheint auf eine Lebensweise zu verweisen, die sich von »unserer« unterscheidet, für die fremde Menschengruppe wesenhaft und für die Gesamtheit ihrer Mitglieder typisch ist. Anders gesagt: Wenn wir von »fremder« und »eigener« »Kultur« reden, meinen wir das, was wir im Falle eines Individuums dessen *Charakter* nennen würden.

---

2 Österreichisch für Burenwurst oder Klobasse. Eine grobe österreichische Brühwurst. Gehört zum Standardangebot österreichischer Würstelstände.

Die Rede von »Kultur« läuft also auf etwas hinaus, was man früher »Volkscharakter« genannt hätte. Wenn wir über »uns« und die Migranten in Begriffen der »Kultur« reden, reden wir also in Wahrheit in Kategorien der Natur. Mit »Charakter« verbinden wir ja die Vorstellung des Festen und Unabänderlichen. Eben die Vorstellung von der »Natur« eines Menschen.

Daß wir, wenn wir »Kultur« sagen, so etwa wie »Volkscharakter« meinen, sagt uns zwar nicht, was einen solchen »Volkscharakter« konkret ausmachen könnte. Immerhin haben wir aber hinter der Rede von »Kultur« das *Bedürfnis* ausgemacht, uns an etwas Festes, Unabänderliches zu halten, an einen quasi von Natur aus bestehenden (Volks-)Charakter.

»Kultur«, wie sie uns in der Rede von »eigener« und »fremder« Kultur, »Leitkultur« und »Multikulturalität« begegnet, verspricht also mehr als sie hält – und enthält Schlimmeres als sie zu versprechen scheint.

Iranischer Eurozentrismus – und der Anti-Eurozentrismus einer Zürcherin

2009 kam es nach Fälschungen bei den Präsidentschaftswahlen im Iran zu Massenprotesten, die Erinnerungen an die Revolution von 1979 wachriefen. Ich schrieb damals einen Essay[3], in dem ich die Bezugnahmen der Protestbewegung von 2009 auf die 1979er Revolution mithilfe von Sigmund Freuds und Walter Benjamins Theorien der *Nachträglichkeit* zu analysieren versuchte, und schickte ihn an die *Neue Zürcher Zeitung*. Daraufhin entstand eine seltsame Kontroverse. Die zuständige Redakteurin meinte, mein Essay würde die an den Iran interessierten Leser vor den Kopf stoßen. Diese würden einen Text über den Iran erwarten, sich aber »stattdessen« mit westlichen Theorien konfrontiert sehen.

Für jene Redakteurin fiel der Iran offenbar unter die Kategorie »fremde Kultur« – und hatte als solche mit »unserer

---

3 Siehe den Text *Emma und die Revolutionen im Iran* in diesem Band.

westlichen« nichts zu tun (zu haben). Meine Bezugnahmen auf Freud und Benjamin hatten sie insofern irritiert, als ihr schon der Gedanke, Entwicklungen in der iranischen Gesellschaft mit Gedankenmodellen »aus der westlichen Kultur« erfassen zu wollen, undenkbar schien.

Die Irritation der Redakteurin irritierte wiederum mich. Bis ich begriff, daß die Position der Redakteurin mittlerweile zum Mainstream geworden war. Heute – einige Jahre später – hat sich die »Maintreamigkeit« jener Position noch verstärkt, so daß ich versucht bin, zu sagen: Wir alle, die wir uns als weltoffen und an anderen Kulturen interessiert wahrnehmen, wir, die wir andere Kulturen »so wie sie sind« respektieren, und an ihnen keinen »fremden« Maßstab anlegen wollen (denn das würden wir als »überheblich« empfinden), wir alle sind AnhängerInnen des *Kulturprinzips*. Wenn es sich um »außereuropäische Kulturen« handelt, verstehen wir AnhängerInnen des Kulturprinzips unsere Position folglich als Gegenposition gegen den sogenannten »Eurozentrismus«.

In meinem Essay und in der Kontroverse mit der Redakteurin hatte allerdings ich, ein Iraner mit einem »außereuropäischen Migrationshintergrund«, den »eurozentrischen« Standpunkt eingenommen. Ich hatte Theorien westlicher Denker herangezogen, um Entwicklungen in einer »außereuropäischen Kultur« (meiner »eigenen«), zu analysieren, und hatte mich gegen die Authentizität jener »fremden Kultur« (meiner »eigenen«) versündigt. Wohingegen die NZZ-Redakteurin – eine Angehörige der »europäischen Kultur« – mich vor der Sünde des »Eurozentrismus« zu bewahren versucht hatte.

Das Unbehagen an der Anwendung »westlicher Theorien« auf »fremde Kulturen« ist nicht neu. Der polnische Sozialanthropologe *Bronislaw Malinowski* gilt als Pionier der ethnologischen Feldforschung und Erfinder der Methode der teilnehmenden Beobachtung. 1924 stellte er, nach einem langen Forschungsaufenthalt auf den Trobriand-Inseln, die universelle Gültigkeit der Freudschen Ödipustheorie infrage, wonach der Sohn seinen Vater zu töten und seine Mutter zu besitzen wünsche. Malinowskis Text *Mutterrechtliche Familie und Ödipus-Komplex*[4] löste eine Serie bis heute nicht abreißender Nachfolgedebatten aus, die weit über den Kreis psychoanalytischer Communities hinausreichten.

Malinowskis Kritik an Freud könnte man auf den ersten Blick als paradigmatisch für die heute populäre Auffassung ansehen, wonach »westliche Denkmodelle« mit »fremden« außereuropäischen Kulturen nichts zu tun haben (dürfen). So gesehen wären Malinowskis Thesen die Vorläufer jenes von der Redakteurin vertretenen Kulturprinzips. Tatsächlich muß der polnische Sozialanthropologe nicht selten als Kronzeuge herhalten, wenn vor der »Projektion Freudscher (oder generell »westlicher«) Theorien auf »außereuropäische Kulturen« gewarnt wird. Aber diese häufig Wikipedia-generierte Sicht auf Malinowskis Freud-Kritik stellt dessen wahre Positionen geradezu auf den Kopf. Denn Malinowski hat weder behauptet, daß Theorien der Psychoanalyse (grundsätzlich) nicht auf außereuropäische Gesellschaften anwendbar seien, noch war er ein (grundsätzlicher) Kritiker der Psychoanalyse. Seiner Kritik an der Psychoanalyse wird man am ehesten gerecht, wenn man sie als *Kritik von innen* auffaßt. Nicht von ungefähr trägt Malinowskis Essay »Mutterrechtliche Familie und Ödipuskomplex« den Untertitel »Eine *psychoanalytische* Studie«. Malinowski entwirft in diesem Text eine eigene Variante der Ödipustheorie: Das männliche Kind auf den Trobriands würde nicht seine Mutter, sondern seine Schwester begehren, und nicht seinen Vater sondern den Bruder seiner Mutter zu töten wünschen.

Interessieren soll uns aber nicht Malinowskis Verhältnis zur Psychoanalyse, sondern das, was ihn von den Vertretern des Kulturprinzips unterscheidet. Und zwar radikal. Der Unterschied liegt in Malinowskis Haltung zur *Universalität*. Während Malinowski – zu Recht oder zu Unrecht – behaup-

4 Borislaw Malinowski, *Mutterrechtliche Familie und Ödipus-Komplex,* Leipzig, Wien Zürich 1924.

tete, daß Freuds Ödipustheorie *nicht universell genug* sei, und seine Forderung auf eine (noch) universellere Psychoanalyse hinausging, hat der Dikurs des *Kulturprinzips* die Universalität als solche zu Grabe getragen.

Die Neurotiker und die Wilden

Universalität also. Wenn aber Psychoanalyse, und wie ich behaupte, auch andere klassische »westliche Theorien«, ganz im Gegensatz zum heute vorherrschenden Diskurs des Kulturprinzips, Universalität beanspruchen dürfen, wie mag sich diese ihre Universalität zu ihrem »Eurozentrismus« verhalten? Und: Was ist das überhaupt – »Eurozentrismus«?

Die Psychoanalyse scheint übrigens unter den klassischen »westlichen Theorien« in besonderem Maße geeignet, um mit Fragen nach der Universalität bzw. des »Eurozentrismus« zu konfrontiert zu werden. Nicht zuletzt, weil sie, all den Wellen des Freud-Bashings zum Trotz, gerade auch in nicht-westlichen Gesellschaften zu den einflußreichsten »westlichen Theorien« gehört.

Totem und Tabu[5] ist jene Schrift, in der sich Sigmund Freud ausführlich mit außereuropäischen Gesellschaften auseinandersetzt. Ob Freuds Psychoanalyse »eurozentrisch« ist oder nicht, müßte sich also am ehesten anhand dieses Textes klären lassen. Allerdings scheint sich die Frage nach der Lektüre der ersten Seiten von selbst zu beantworten. Wenn einem nicht schon das Lesen des Untertitels – »Einige Übereinstimmungen im Seelenleben der *Wilden* und der Neurotiker« – genügt, um Freud ohne Wenn und Aber des Eurozentrismus zu überführen.

Angehörige außereuropäischer Stammesgesellschaften sind für den Freud des *Totem und Tabu* Repräsentanten früherer, von Angehörigen »zivilisierter Völker« überwundener Entwicklungstufen. Sie sind rückständig. Freud zieht eine Analogie zwischen der Entwicklung des Individuums

---

5 Sigmund Freud, *Totem und Tabu*. In: ders., Gesammelte Werke, Bd IX, Frankfurt am Main 1999.

und der Menschheit. Angehörige »primitiver Gesellschaften« befänden sich demnach auf einer infantilen Stufe der Entwicklung. Der in »primitiven Gesellschaften« häufig anzutreffende Animismus etwa würde der narzißtischen Phase in der Entwicklung eines Kleinkindes entsprechen. Auch jene »Übereinstimmungen im Seelenleben der Neurotiker und der Wilden«, denen Freud immer wieder begegnet, haben mit der Analogie zwischen Kindern und »Wilden« zu tun. Denn die Neurose, so Freud, entstehe im Zusammenhang mit ungelösten Konflikten der frühen Kindheit, und der Neurotiker sei auf eine frühkindliche Entwicklungsphase seiner Sexualität fixiert.

So weit, so eurozentrisch.

Oder auch nicht. Denn vermutlich existiert kaum eine Zuschreibung, die der Psychoanalyse, zumindest im Freudschen Verständnis, unangemessener wäre, als jenes in *euro-zentrisch* enthaltene *zentrisch*. Was immer Freuds Psychoanalyse sein mag, *zentrisch* ist sie nicht. Im Gegenteil. Sie ist *de-*zentrisch. Korrekter ausgedrückt: dezentrierend. Und es war genau jenes dezentrierende Moment der Psychoanalyse, die Freud veranlaßte, von ihr als von der »dritten Kränkung der Menschheit« zu sprechen.

Seit Freud steht das Subjekt nicht (einmal) mehr im Zentrum seiner eigenen Gedanken und Aktionen – und muß sich die Erkenntnis gefallen lassen, daß ihn ein Unbewußtes, ihm Fremdes, bestimmt und steuert. Dezentrierung des Subjekts.

Wenden wir diese Freudsche Erkenntnis auf seine eigene Textproduktion an, folgt daraus, daß sich die »Absichten seiner Texte«, wie bei jedem anderen Autor auch, von den Absichten ihres Autors unterscheiden, ja diesen zuwiderlaufen können.

Weit davon entfernt, dem europäischen Menschen, quasi als Trost für dessen als Individuum erlittene Kränkung, eine zentrale Stellung »seiner Kultur« unter allen anderen Kulturen zu attestieren, schreibt *Totem und Tabu* – dem Eurozentrismus seines Autors Freud zum Trotz – jene Kränkung mit den Mitteln der Ethno-Psychoanalyse fort.

Kränkt die »individuelle« Psychoanalyse das Subjekt durch Konfrontation mit dessen »innerem Ausland« (Freud), das seine Gedanken und Aktionen bestimmt, so kränkt der ethnopychoanalytische Ansatz des *Totem und Tabu* den »Zivilisierten« bzw. »den Europäer«, indem er ihm immer und immer wieder vor Augen führt, wieviel er mit den »Wilden«, jenen Bewohnern des »äußersten Auslands«, gemein hat. Viel mehr jedenfalls, als ihm lieb und bewußt ist.

Eine sexuelle Revolution im Islam – *Ja dürfen's denn des?*

Die Gegenüberstellung des Eurozentrismus Freuds *als Person* auf der einen, und der Universalität seines Textes auf der anderen Seite greift aber zu kurz.

Denn: So wie *Totem und Tabu* zwar über die Person seines Autors hinausweist, nichtsdestoweniger aber in engem Zusammenhang mit eben jenem Sigmund Freud als Person steht – genauso weisen klassische europäische Theorien, insofern sie Universalität beanspruchen, über die kulturelle und historische Konstellation, in der sie entstanden sind, zwar hinaus. Zugleich kann man sie aber außerhalb ihres partikularen Entstehungskontextes nicht verstehen. Losgelöst von Erfahrungen wie jener der Reformation oder der Aufklärung oder, allgemeiner, losgelöst vom antiken und jüdisch-christlichen Erbe, sind diese Theorien nicht lesbar.

Ohne Eurozentrismus – keine Universalität.

Das ist die im Universalitätsanpruch der Moderne verborgene – schwer zu verdauende – Dialektik: Daß die moderne Universalität in spezifischen historischen Erfahrungen bestimmter europäischer Gesellschaften wurzelt, über die sie aber zugleich hinausweist – und auf die sie nicht reduziert werden darf.

Verschließen wir vor dieser Dialektik die Augen, werden wir – wenn wir Europäer sind – Kategorien wie Aufklärung,

Demokratie oder Menschenrechte als »unseren kulturellen Besitz« betrachten, der uns von Angehörigen nicht-europäischer Gesellschaften kategorisch unterscheidet.

Mit »Nicht-Europäern« sind in diesen Zusammenhängen in der Regel Menschen aus Ländern mit islamischer Bevölkerungsmehrheit gemeint. Für viele dieser Menschen wiederum, wir nennen sie *islamische Fundamentalisten*, geht die Konfronation mit jener Dialektik der Moderne mit massiven Kränkungen einher, die in Aggression umgewandelt, und in regelmäßigen Abständen explosiv abreagiert werden.

Zugrunde liegt jenen Kränkungen der Fundamentalisten ein fundamentales Mißverständnis: »›Die im Westen‹ haben etwas, was wir nicht haben.«

Ein Mißverständnis mit einem wahren Kern.

Mißverständnis, weil islamische Fundamentalisten, genauso wie jene oben beschriebenen Europäer, die Moderne, indem sie deren universellen Apekt außer acht lassen, als kulturellen Besitz »des Westens« mißverstehen.

Wahrer Kern, weil die Moderne, wenn wir sie aus ihrem historischen Entstehungkontext herauslösen, nicht mehr zu verstehen – vor allem aber nicht nachvollziehbar wäre. Nachvollziehbar müßte sie aber gerade dort sein, wo es um die *Verwirklichung ihrer Universalität* geht.

In ihrem Buch *Der Islam braucht eine sexuelle Revolution*[6] plädiert die deutsch-türkische Frauenrechtlerin Seyran Ates für eine sexuelle Revolution »im Islam«, nach dem Vorbild der sexuellen Revolution der 60er Jahre in Amerika und Europa. Das Buch artikuliert das Bedürfnis junger Menschen in Gesellschaften mit islamischer Bevölkerungsmehrheit nach all dem, was wir mit den Begriffen »sexuelle Revolution« oder »sexuelle Emanzipation« verbinden. Es ist ein mutiges Plädoyer, und man könnte es als Beleg für die Gültigkeit des Universalitätsanspruchs der Moderne lesen. Wenn denn Ates' Versuch der Übertragung der sexuellen Re-

6 Seyran Ates, *Der Islam braucht eine sexuelle Revolution*, Berlin 2009.

volution auf sogenannte islamische Gesellschaften – da sie den Kontext dieser Erfahrung nicht konsequent *nachvollzieht* – nicht schon im theoretischen Ansatz gründlich scheitern würde.

Der Islam braucht eine sexuelle Revolution beruft sich auf Theorien des Freud-Schülers und Psychoanalyse-Dissidenten Wilhelm Reich. Speziell auf dessen Werk *Die sexuelle Revolution*. Für Reich und für Freud lagen die Ursachen für das von ihnen konstatierte sexuelle Elend in gesellschaftlich bedingten psychischen Faktoren. Der *Religion* schrieben sie in diesem Zusammenhang die Rolle eines gewichtigen krankmachenden Faktors zu. Weit davon entfernt, diesen krankmachenden Faktor reformieren oder »revolutionieren« zu wollen, lehnten sie Religion in jeder Form ab. Der Gedanke, eine sexuelle Revolution »im Christentum« veranstalten zu wollen, wäre ihnen mehr als absurd vorgekommen.

Wenn nun Ates – im Gegensatz zu Reich und zu Freud – nicht für eine sexuelle Revolution in *Gesellschaften* mit islamischer Mehrheit plädiert, sondern ausdrücklich für eine Revolution »*im Islam*«, verneint sie unausgesprochen die Möglichkeit, daß in jenen Gesellschaften außerhalb der Sphäre des Islam so etwas wie »Gesellschaft« überhaupt existiert. Zwischen der Gesellschaft und dem Islam besteht für Ates *volle Identität*: Als existierte in jenen Gesellschaft nichts außerhalb des Islam – nicht einmal auf begrifflicher Ebene.

Der Revolution geht ein Akt der Unterwerfung voraus.

Als Kaiser Ferdinand I. im März 1848 vom Balkon der Wiener Hofburg aus den revolutionären Aufruhr der Massen beobachtete, soll er Metternich gefragt haben: »Ja dürfen's denn des?« Bei der sexuellen Revolution von Seyran Ates erübrigt sich diese Frage. Bevor sie daran denkt, loszubrechen, holt sich diese Art Revolution die Genehmigung dazu bei den – religiösen – Autoritäten.

Dennoch enthält Ates' falsche Verknüpfung (der »sexuellen Revolution« mit dem »Islam«) eine Wahrheit: Die Identifizierung mit dem Islam scheint in Gesellschaften mit islamischer Bevölkerungsmehrheit tatsächlich eine ungleich »vollere« zu sein als es etwa in Europa – mit dem Christentum – der Fall ist[7].

Dies manifestiert sich am eindrücklichsten im Umgang bestimmter islamisch geprägter Gesellschaften mit dem Phänomen der Apostasie, des Abfalls vom Islam. Im Iran und in Afghanistan droht Apostaten die Todesstrafe. In Malaysia gilt jeder Malaye von Geburt an als Moslem. Fällt er vom Islam ab, verliert er nach malayischer Verfassung die Staatsbürgerschaft.

In einem Rechtsgutachten der angesehenen Kairoer *Al-Azhar-Universität* heißt es über einen Moslem, der – nachdem er eine Christin geheiratet hatte – zum Christentum konvertiert war:

»... Da er vom Islam abgefallen ist, wird er zur Reue aufgefordert. Zeigt er keine Reue, wird er islamrechtlich getötet. Was seine Kinder betrifft, so sind sie minderjährige Moslems. Nach ihrer Volljährigkeit sind sie, wenn sie im Islam verbleiben, Moslems. Verlassen sie den Islam, werden sie zur Reue aufgefordert. Zeigen sie keine Reue, werden sie getötet. Und Gott der Allerhöchste weiß es am besten.«[8]

In dieser Logik existiert ein Moslem allein in der Sphäre des Islam. Verläßt er jene Sphäre, hört er buchstäblich auf zu existieren.

Die »volle Identität« zwischen der Gesellschaft und dem Islam ist imaginär. Daß Apostasie in islamisch geprägten Gesellschaften überhaupt existiert, und – etwa im Iran – dem religiösen Establishment großes Kopfzerbrechen bereitet, be-

---

7 Den Begriff »volle Identität« verdanke ich Isolde Charim. Sie weist nach, daß es sich beim Ressentiment gegen Moslems nicht, wie vielfach behauptet, um einen »neuen Antisemitismus« handelt. Während der Antisemit »dem Juden« vorwirft, kein »echter Österreicher/Deutscher« zu sein, schreibt der Rechtsextreme »dem Moslem«, ganz im Gegenteil, »volle Identität« zu – und beneidet ihn insgeheim dafür. Vgl.: Isolde Charim, *Volle Identität gegen nicht-volle.* In: R. Just, G. R. Schor (Hrsg.), *Vorboten der Barbarei,* Hamburg 2011, S. 11–16.

8 http://de.wikipedia.org/wiki/Apostasie_im_Islam.

weist zur Genüge, daß es sich bei der »vollen Identität« um Ideologie handelt. Tief verwurzelt, dennoch aber Ideologie.

Diese Ideologie zu thematisieren, ihr zu widersprechen und sie zu brechen, wäre in einer islamisch geprägten Gesellschaft die erste und vornehmste Aufgabe einer Revolution, die ihren Namen verdient. Eine »Revolution« aber, die dieser Ideologie blind sich fügt, hat verloren, noch bevor sie ausbricht.

Verkehrte Welt: Von Bischöfen und Imamen

Als sich der Erzbischof von Canterbury, Rowan Williams, in einem BBC-Interview im Februar 2008 für die Integration »bestimmter, vor allem familienrechtlicher, Aspekte der Scharia in das britische Zivilrecht« aussprach, fragten sich viele, was ausgerechnet den Primas der anglikanischen Kirche bewogen haben mag, der Einführung von Scharia-Gerichten in Großbritannien das Wort zu reden.

Der Verdacht, daß Williams »bestimmte Aspekte der Scharia« sagte, jedoch an »bestimmte Aspekte« des britischen Zivilrechts dachte – an das Recht auf Abtreibung etwa –, die bei bestimmten Anhängern seiner eigenen Kirche Unbehagen auslösen, scheint berechtigt. Ob der Bischof die Moslems nun vorgeschoben hat, um Religionspolitik in eigener Sache zu betreiben, oder nicht – so wie Ates schreibt auch Williams den Moslems jene »volle Identität« zu, die es ihnen unmöglich machen soll, Moslems und zugleich Rechtssubjekte eines säkularen Staates zu sein. Eine Zuschreibung, die auch von den Kritikern Williams nicht ernsthaft in Frage gestellt wurde.

Was bei den von Williams losgetretenen Debatten kaum zur Sprache kam: In Großbritannien existieren Scharia-Gerichte bereits seit 1982. Ein Lokalaugenschein der *Oberösterreichischen Nachrichten* beim Vorsitzenden der britischen Scharia-Räte in London ergibt – wie nicht anders zu erwarten – »Überraschungen«:

»... Viel bürgerliches Reihenhaus-Idyll – so spießig sieht

es aus vor der Tür einer Einrichtung, die viele Briten ganz oben auf die Liste der gefühlten Staatsfeinde setzen würden. Daß Mohammed Raza, Vorsitzender der britischen Scharia-Räte, hier im Londoner Westen hauptsächlich muslimische Frauen aus ihren Ehen befreit, wäre für sie die zweite große Überraschung. Die dritte ist der Imam selbst: Ein moderater, höflicher Mann mit einem großen Wunsch: ›Es wäre prima, wenn mein Job überflüssig werden würde‹, sagt er, ›wenn der *Staat* die religiöse Ehe der Frauen auflösen und ich den Rat schließen könnte.‹ [...] Über 300 Frauen rufen jedes Jahr allein die Dienste des Imam Raza an. Sie alle haben das gleiche Problem: Sie können sich zwar am [*zivilen* – Anm. von mir] *Familiengericht* scheiden lassen, für eine Trennung *nach muslimischen Regeln* brauchen sie jedoch das Einverständnis des Ex-Gatten. ›95 Prozent der Fälle sind so gelagert, und meistens weigert der Mann sich zu unterschreiben‹, sagt Raza. ›Wir setzen dann einen Scheidungserlass auf [...] und lösen die Ehe auf‹« [Hervorhebungen von mir].[9]

Die »Überraschung« besteht darin, daß wir jene – vom Primas der Anglikanischen Kirche, Seyran Ates und auch den *Oberösterreichischen Nachrichten* postulierte – *volle Identität* nicht einmal beim Vorsitzenden der britischen Scharia-Gerichte antreffen. Offensichtlich hat dieser »moderate und höfliche« Mann kein Problem mit der Vorstellung, daß Moslems zugleich Rechtssubjekte eines säkularen Staates sein können. Mehr noch: In seinem Bemühen, die Regeln der Scharia – etwa die, daß die Frau für eine Trennung das Einverständnis ihres Gatten benötigt – mittels der Scharia außer Kraft zu setzen (solche »Tricks« sind in der Scharia genauso üblich wie im Steuerrecht jedes beliebigen Landes), orientiert er sich offensichtlich an modernen familienrechtlichen Standards.

Verkehrte Welt: Rowan Williams konstatiert bei Moslems einen fundamentalen Konflikt »zwischen der Loyalität zum

---

9 *Scharia-Gerichte sind in England schon Realität,* Oberösterreichische Nachrichten, 15. Dezember 2009.

Staat und der Loyalität zur Religion«, und gründet auf dieser Annahme seinen Wunsch nach der Einführung »bestimmter Aspekte der Scharia in das britische Zivilrecht«. Dort aber, wo sich Williams Wunsch verwirklicht findet, sind wir mit dem exakten Gegenteil jener Annahme konfrontiert: Mit einem Scharia-Rats-Vorsitzenden, der am liebsten, umgekehrt, dem britischen Zivilrecht die Hoheit über bestimmte Aspekte der Scharia übertragen würde (also etwa die Möglichkeit, nicht nur die zivile, sondern auch die religiöse Ehe moslemischer Frauen aufzulösen), und die Scharia sich selbst austricksen läßt, um bestimmten Prinzipien des modernen Familienrechts zur Geltung zu bringen.

Der Vorsitzende der britischen Scharia-Räte ist kein Einzelfall und seine Haltung charakterisiert nicht bloß Vertreter eines »moderaten und höflichen« Islam, sondern auch bestimmte Ausprägungen des »islamischen Fundamentalismus«: Die Verfassung der Islamischen Republik Iran etwa scheint von den selben Motiven beseelt, die auch unseren Imam in London zu bewegen scheinen: Die Übertragung der Prinzipien eines modernen, demokratischen Rechtsstaates »ins Islamische«. Hier zeigt sich wieder einmal, daß wir dem Phänomen des »islamischen Fundamentalismus« nicht gerecht werden, wenn wir ihn (bloß) als Flucht aus der Moderne zu begreifen versuchen, und nicht als eine Reaktion auf die Moderne – innerhalb der Koordinaten der Moderne.

Gilt es also bloß abzuwarten und Tee zu trinken, bis die »islamische Kultur« ihrer Eigenart entprechende Formen der Demokratie, der Freiheit, der Rechtsstaatlichkeit – überhaupt der Moderne – entwickelt hat? Und hätten wir von einer solchen Übersetzung der Moderne »ins Islamische« nicht eigentlich nur Gutes zu erwarten?

Wir zögern bei der Bejahung dieser Frage. Und das nicht bloß wegen des Widerspruchs zwischen Theorie und Praxis, wie sie uns beispielhaft in der Diskrepanz zwischen der politischen Realität im Iran und der Verfassung der Islamischen Republik begegnet – letztere scheint an den Grundsätzen moderner Demokratien orientiert zu sein, wohingegen für die politische Realität im Iran der Satz gilt: »Hier gibt es die Freiheit der Meinungsäußerung, nicht aber die Freiheit *nach* der Meinungsäußerung.« Entscheidender als das Verhältnis zwischen Theorie und Praxis scheint hier jedoch das Verhältnis der Theorie zur Theorie zu sein – genauer: Das Verhältnis der Theorie zur *Theorie hinter der Theorie.*

Bei den zahlreichen im Westen wie in der sogenannten islamischen Welt geführten Debatten über das Verhältnis und die Vereinbarkeit von Islam und Demokratie/Islam und Moderne werden zwei entscheidende Fragen kaum gestellt:

– Gibt es zwischen der Erneuerung/Neuinterpretation des *Islam* auf der einen und der Modernisierung/Demokratisierung von *Gesellschaften* mit islamischer Bevölkerungsmehrheit auf der anderen Seite *überhaupt einen Zusammenhang*?

– Und wenn ja, welchen?

Daß diese doch sehr naheliegenden Fragen geradezu systematisch gemieden werden, ja, daß überhaupt immer bloß nach der Vereinbarkeit von Demokratie und *Islam* gefragt wird, fast nie nach der Rolle, die dem *Faktor* Islam in den Demokratisierungsprozessen *jener Gesellschaften* zukommen mag, weist auf einen blinden Fleck in diesem Diskurs hin. Und wirft weitere Fragen auf:

– Kann es sein, daß das Motiv hinter den diversen islamischen Erneuerungs-Diskursen – ungeachtet der je persönlichen Motive ihrer einzelnen Repräsentanten – die Sorge um die (als bedroht empfundene) Hegemonie des Islam über Gesellschaften mit islamischer Bevölkerungsmehheit ist?

– Daß es also bei jenen Diskursen der Erneuerung um die Rettung des Hegemonie-Anspruchs des Islam über jene Gesellschaften geht?

– Daß die niemals ausgesprochene Theorie hinter der Theorie der Modernisierung des Islam daher lauten müßte: Islamisch geprägte Gesellschaften können, nein, sollen, *einzig und allein* über eine Erneuerung des Islam den Weg in die Moderne finden – und nicht etwa durch eine Säkularisierung jener Gesellschaften, die der Religion *von außen* jenen Platz zuweist, der ihr in einer modernen, säkularen Demokratie zukommen sollte?

Wieder also: Volle Identität.

In der Vorstellung, der Weg jener Gesellschaften hin zu Demokratie und Moderne führe allein über eine Erneuerung des Islam, erscheinen Modernisierung und Demokratisierung als »kulturelle Prozesse«: Nicht Strukturen und Institutionen bildeten die Basis für Demokratie, Freiheit, und Rechtsstaatlichkeit, sondern Demokratie, Freiheit, und Rechtsstaatlichkeit wären erst zu haben, wenn die mit ihnen verbundenen *Werthaltungen* in jenen *Kulturen* verwirklicht sein würden. Demokratisierung und Modernisierung gewinnen so eine zutiefst *moralische* Qualität. Der Weg hin zur Demokratie und in die Moderne stellt sich als langwieriger, unendlich mühe- und opfervoller, ja geradezu unmöglicher Prozeß der moralischen Erneuerung dar.

Dieser niemals ausgesprochene Diskurs des »Nur-über-den-Islam« ist eng mit jenen Kultur- und Identitäts-Diskursen verwandt, die in diversen islamisch geprägten Gesellschaften Hochkunjunktur haben. Nicht nur bei »moderaten und höflichen«, sondern gerade auch bei den »nicht ganz so moderaten und höflichen« Vertretern des Islam. »Kulturelle Invasion« etwa (gemeint ist die »kulturelle Invasion« des Westens) sind die in den Reden des iranischen Revolutionsführers Ali Khamanei am häufigsten verwendeten Worte. Daran schließt sich nicht selten die Klage über das Fehlen »einheimischer«, der »iranisch-islamischen Kultur angepaßter« Humanwissenschaften an.

Interkulturelle Kompetenz: Von Polizisten, Tschuschen und Negern

Die Kulturalisierung der gesellschaftlichen und politischen Debatten findet aber nicht nur in Gesellschaften der sogenannten islamischen Welt statt, sondern auch in Europa. In ihrer Ausgabe vom 22. Dezember 2012 bringt die österreichische Tageszeitung *Der Standard* ein Interview mit einem Polizisten und eines mit einem Philosophen[10, 11]. Der Polizist – Konrad Kogler ist sein Name und er ist Generaldirektor für öffentliche Sicherheit – sagt: »Es ist wichtig, Menschen mit Migrationshintergrund in die Polizei zu holen, um *interkulturelle Kompetenz* aufzubauen ... Wir wollen nicht, daß diese Bevölkerunggruppen Parallelgesellschaften aufbauen, in denen Probleme nur innerhalb der Community gelöst werden.«

Interkulturelle Kompetenz: Ein weiterer Begriff aus der Diskurskiste des Kulturprinzips. Dem Generaldirektor geht es allerdings gerade nicht um eine Verständigung *zwischen* »den Kulturen«. Er ist, ganz im Gegenteil, der Meinung, daß man Menschen mit »Migrationshintergrund« am besten von Polizisten mit einem ebensolchen Hintergrund »beamtshandeln« läßt. Denn wahre Verständigung, so die hier wirksame Logik des Kulturprinzips, gäbe es nur *innerhalb* ein und derselben »Kultur«. In der Sprache des polizeilichen Durchschnittsrassismus: »Nur ein Tschusch/ein Neger kann einen Tschuschen/einen Neger verstehen.«

In welchem Sinne in einer Gesellschaft, in der alle den selben Gesetzmäßigkeiten des Kaufens, des Verkaufens, des Konsumierens, des Arbeitens, des Arbeitsverlustes etc. etc. unterworfen sind, von »Parallelgesellschaften« die Rede sein kann, bleibt ein Rätsel. Man kann natürlich die Auffassung vertreten – und das mit einiger Berechtigung – daß es in dieser »Gleichheit« sehr viel Ungleichheit gäbe. Auch, daß diese Ungleichheit seit Jahren zunimmt. *Diese* – soziale – Ungleichheit meint der Generaldirektor aber nicht. Ihm geht es um so etwas wie »kulturelle« Parallelgesellschaften. Wie aber ausgerechnet ein Konzept, in dem für jede einzelne »Kultur« eine eigene, »kulturgerechte« Polizistentruppe vorgesehen ist, so daß »die Kulturen« erst recht unter sich

10 *Neuer Sicherheitschef will mehr Polizisten mit Migrationshintergrund,* *Der Standard*, 22. Dezember 2012.

11 *Information ist ein moralisches Problem,* Interview mit Detlef Horsten, *Der Standard*, 22. Dezember 2012.

bleiben, der Entstehung jener »Parallelgesellschaften« (wenn es sie denn gäbe) entgegenwirken soll, ist ein weiteres Rätsel.

Der Philosoph Detlef Horster ist emeritierter Professor für Sozialphilosophie mit den Schwerpunkten Ethik und Recht und wird auf die Beschneidungsdebatte angesprochen. Im österreichischen Parlament, sagt die Interviewerin, sitzen mehrheitlich nichtjüdische und nichtmuslimische Abgeordnete – und fragt dann: »Dürfen Nichtreligiöse oder andere Konfessionen [...] Juden und Muslimen vorschreiben, wie und ob sie ihre religiösen Riten auch heute noch durchführen dürfen?« Darauf der Philosoph: »Nein, aber die Abgeordneten haben zumindest die Pflicht zu überlegen, ob es so sein muß, denn man kann auch jüdichen Glaubens sein, ohne beschnitten zu sein [...] Ist es nicht an der Zeit, daß man einen Ritus auch mal ändert? Eine vergleichbare Sache war die Ohrenbeichte. Die kannte man bis zum vierten Laterankonzil 1215 nicht, weil die Gemeinde als Ganze vor Gott ihre Sünden bekannte. Die Ohrenbeichte war ein Einschnitt, aber man hat weiterhin geglaubt, man war weiter Christ.«

Das ist das Kulturprinzip in Reinkultur. Ein Konzept von Gesellschaft, in dem ein Abgeordneter nicht mehr als Vertreter seiner Wähler wahrgenommen wird – *aller* seiner Wähler, denen er ungeachtet ihres oder seines eigenen religiösen oder »kulturellen« Hintergrunds verpflichtet sein soll, sondern als religiöser/nichtreligiöser, christlicher/nicht christlicher, moslemischer/nicht-moslemischer Abgeordneter. Einem solchen Konzept von Gesellschaft ist das, was Gesellschaft zuallererst ausmacht, abhanden gekommen. Es ist dies das Konzept einer Nicht-Gesellschaft, in der es nur mehr Religionen und »Kulturen« gibt. Und dazwischen nichts. Vor allem keinen neutralen, öffentlichen Raum. Der besagte Abgeordnete gerät dann unversehens von der Sphäre der einen Kultur/Religion in die einer anderen, und ist auf einmal angehalten, sich, als »christlicher« oder »nichtreligiöser«, jedenfalls »nicht-jüdischer« bzw. »nicht-moslemischer« Abgeordneter, Gedanken über die Erneuerung moslemischer oder jüdischer Rituale zu machen.

Die Vorstellung, daß Menschen in allererster Linie »ihre Religion« oder »ihre Kultur« repräsentieren – und dann lange nichts –, sitzt mittlerweile offenbar so tief, daß es dem Philosophen nicht einfällt, zu sagen, daß die Erneuerung von Religionen und Ritualen selbstverständlich nicht zu den Aufgaben demokratisch gewählter Parlamentsabgeordneter eines säkularen Staates gehört. Sondern, daß sie angehalten sind, dort, wo religiöse Rituale in Widerspruch zu einem Rechtsprinzip der Gesellschaft (zu) geraten (scheinen), eine Grenze zu ziehen: »Bis hierher und nicht weiter.« In der Beschneidungsfrage wäre dies das Prinzip der körperlichen und seelischen Integrität eines Menschen. Vertretern des Islam beispielsweise ist es in modernen, säkularen Staaten nicht erlaubt, Frauen wegen »Ehebruchs« zu steinigen, Dieben die Hand abzuhacken, Konvertiten oder Homosexuelle hinzurichten etc. – und dies ganz unabhängig vom religiösen/ nicht-religiösen oder »kulturellen« Hintergrund einzelner Parlamentsabgeordneter jener Staaten. Wie religiöse Gemeinschaften innerhalb der Grenzen, die ihnen der Gesetzgeber *von außen* zieht, mit ihren Ritualen umgehen, ist dann, im Sinne der Religionsfreiheit, einzig ihre Sache.

Die Tatsache, daß jedes fünfte Mitglied im ersten Kabinett des französischen Präsidenten Francois Hollande »Migrationshintergrund« hatte, und die Reaktionen der Medien darauf, erscheinen vor dem Hintergrund dieses vom Kulturprinzip beherrschten Konzepts von Gesellschaft – das in diesen beiden Interviews zutage tritt, und die aktuellen Debatten in ganz Europa beherrscht – in einem neuen Licht.

Die Bestellung jener Minister mit »Migrationshintergrund« ist alles andere als die Konsequenz einer in der französischen Gesellschaft tatsächlich verwirklichten Gleichheit aller, ungeachtet ihres »kulturellen« Hintergrunds. Wäre dies der Fall, wäre die Bestellung der Minister mit »Migrationshintergrund« nicht jene Sensation gewesen, die sie war.

Jene Minister sind aber nicht *ungeachtet*, sondern wegen ihrer Verschiedenheit von der Mehrheitsbevölkerung, ja als *Repräsentanten dieser Verschiedenheit*, in die Regierung berufen wurden.

In den USA gibt es seit der Ära Reagan einen konservativen Diskurs, der rassistische und geschlechtliche Diskriminierungen zwar verurteilt, deren Existenz in den Vereinigen Staaten aber leugnet – und so den Kampf gegen rassistische und geschlechtliche Diskriminierung, indem er ihn für gegenstandslos erklärt, diskreditiert und hintertreibt. Die Bestellung jener Minister mit »Migrationshintergrund« folgt, ungeachtet der persönlichen Motive, die Hollande zu dieser Entscheidung bewogen haben mögen, einer ähnlichen Logik: Die Existenz rassistischer Diskriminierung und der zunehmenden sozialen Ungleichheit werden nicht wie in den USA mit den Mitteln des Diskurses, sondern durch eine symbolische Inszenierung an der Spitze des Staates geleugnet.

Warum uns Israel erregt

Eine Unfähigkeit der Vorstellungskraft

Am Tag der Veröffentlichung des sogenannten *Goldstone-Reports* über den Gaza-Krieg traf ich meinen israelisch-österreichischen Freund, nennen wir ihn U., einen Schriftsteller, in einem Wiener Café. Israel hatte im Dezember 2008 auf den jahrelangen Beschuß seiner Städte durch Katjuscha- und Qassam-Raketen mit der Militäroperation »Gegossenes Blei« reagiert und diese bis zur Verkündigung eines Waffenstillstands durch die Hamas im Januar 2009 fortgesetzt. Der südafrikanische Richter Richard Goldstone hatte den Konflikt im Rahmen einer *United Nations Fact Finding Mission* untersucht, und sowohl den israelischen Streitkräften als auch palästinensischen Kämpfern vorgeworfen, Kriegsverbrechen begangen zu haben, möglicherweise auch »Verbrechen gegen die Menschlichkeit«.

Während mir U. alles das und manches andere über den Nahostkonflikt auseinanderlegte – er war im Begriff, einen Artikel über den Goldstone-Bericht zu verfassen –, machte ich eine Entdeckung, die mich verwirrte und die ich U. sofort mitteilte. Meine Mitteilung hatte den Charakter einer Beichte.

Während er, U., über den Goldstone-Bericht gesprochen hätte – sei mir klar geworden, daß mir bereits die Vorstellung, ein Jude oder eine Jüdin hätte ein »gewöhnliches Verbrechen« begangen, äußerst schwer fallen würde. Die Vorstellung, eine Jüdin oder ein Jude hätte ein Kriegsverbrechen begangen, sei mir gänzlich unmöglich.

Um mir vor meinem Freund, dessen enzyklopädisches Wissen berüchtigt ist, keine Blöße zu geben, betonte ich, daß ich von meiner *Vorstellungkraft* gesprochen hätte, nicht von meinem *Wissen*. Daß ich sehr wohl wüßte. Ich wüßte, daß Juden – wenn überhaupt eine Gemeinschaft – keine Gemeinschaft von Heiligen seien. Daß es, wie unter allen Menschen, auch unter Juden »solche und solche« gäbe. Daß ich, nur um Beispiele zu nennen, die Ausstellung »Kosher Nostra« des Jüdischen Museums in Wien über jüdische Gangster in den Vereinigten Staaten gesehen, daß ich über den »jüdischen Frauenhandel« im Galizien des 19. Jahrhunderts gelesen hätte: (Vorwiegend) jüdische Frauenhändler hatten damals (vorwiegend) jüdische Frauen in alle Welt verkauft. Und nicht zu vergessen die israelische *Kahan-Kommission* von 1982, von der ich wüßte, daß sie Ariel Sharon eine persönliche Verantwortung beim Massaker im Palästinenserlager Sabra und Shatila attestiert hatte.

Je sais bien, mais quand-même – ich weiß zwar, aber dennoch.[1]

»Du betrachtest die Juden eben als Opfer«, meinte U., »und bist nicht in der Lage, sie anders als als Opfer wahrzunehmen.«

Als dermaßen trivial und abgedroschen wollte ich mir mein Problem dann doch nicht abqualifizieren lassen. Auch Schwarze, konterte ich, würden unterdrückt und verfolgt. Vom österreichischen Alltagsrassismus, dem meine afrikanischen Patienten, durchwegs traumatisierte Kriegs- und Folteropfer, ständig ausgesetzt seien, könnte ich ein Lied singen. Dennoch bereite es mir keine Schwierigkeit, mir Menschen mit schwarzer Hautfarbe als »gewöhnliche Verbrecher« vorzustellen. Oder auch, wie etwa im Fall kongolesischer Warlords, als Kriegsverbrecher. Und warum in die Ferne schweifen: Nach U.s und meinem Dafürhalten seien die Palästinenser in den besetzten Gebieten Opfer der israelischen Okkupationspolitik. Auch in diesem Fall hätte ich aber kein Problem, einen Palästinenser als »gewöhnlichen« oder als Kriegsverbrecher zu imaginieren.

---

1 In seinem Aufsatz *Je sais bien, mais quand-même* setzt sich der französische Ethno-Psychoanalytiker Octave Mannoni mit der von Freud beschriebenen *Logik des Fetischisten* auseinander, der das, was er weiß, zugleich auch leugnet. – Octave Mannoni, *Clefs pour l'imaginaire ou l'Autre Scène,* Paris 1969, S. 9 ff.

Warum könne ich das aber gerade bei Juden nicht?

»Das soll ich dir sagen?«, fragte U., »*Du* bist Psychoanalytiker.«

Und du Schriftsteller.

U. begann mir nun, ähnlich minutiös wie zuvor den Goldstone-Bericht, *meine eigene Lebensgeschichte* auseinanderzulegen. Daß ich mit zwölf von Teheran nach Graz übersiedeln mußte, sei der sprichwörtliche Suppentopf, den man als Kind auf den Kopf gesetzt bekäme. Und das ganze Leben rinne einem die Suppe hinunter.

»Ich nehme den Schriftsteller zurück«, wollte ich sagen, und: »*Du* solltest Analytiker werden«. Aber U. war schon zu sehr in Fahrt, ich wollte ihn nicht unterbrechen: »Graz, Stadt der Volkserhebung. Wo sie die Traditionen des Nationalsozialismus am sorgsamsten pflegen. Diese ›Traditionspflege‹ hast du in allen Facetten kennengelernt. Daher Deine, entschuldige, *Semitophilie.*«

Warum er sich entschuldigte, konnte ich mir denken. Semitophile, hatte ich einmal gelesen, seien Antisemiten unter umgekehrten Vorzeichen. Oder ich hatte es mir gedacht. U. spürte, daß mich auch seine Graz-Thesen nicht überzeugten, und änderte seinen Ansatz. Von biographisch auf transgenerational:

»Du bist Atheist. Aber deine Eltern und deine Vorfahren sind, bzw. waren, Baha'i. Und die Baha'i-Religion wurde seit ihrer Entstehung im Iran des 19. Jahrhunderts unterdrückt und verfolgt. Seit der Machtübernahme des Islam hat diese Verfolgung eine neue Dimension, und ist heute mit der Verfolgung der Juden vor der Phase des Holocaust zu vergleichen. Die Baha'i, deren heilige Stätten sich in Israel befinden, werden bezichtigt, zionistische Spione zu sein. Du bist weder Baha'i noch Jude – aber daß du dich ›mit den Juden‹ solidarisieren und identifizieren mußt, liegt auf der Hand.«

U. nervte mich – wieder einmal – mit seiner Schulmeisterei. Aber ich widersprach ihm nicht.

Allahdad oder die Gerechtigkeit Gottes

Die besagte Unfähigkeit meiner Vorstellungskraft war mir vor jenem Gespräch mit U. zwar nicht in aller Klarheit bewußt – gänzlich unbekannt war sie mir aber nicht. Die allererste Bekanntschaft mit ihr verdanke ich einem Bekannten aus dem Iran. Einem älteren Herren, belesen, distinguiert, politisch engagiert, der als Student im Wien der 1960er und 70er Jahre gegen den Schah gekämpft hatte. Heute bekämpft er die islamische Republik. Im folgenden nenne ich ihn den *Distinguierten*. Während des Libanonkriegs 2006 hatte ich mit dem Distinguierten im selben Café, in dem mich U. über den Goldstone-Report aufklären sollte, eine Israel-Kontroverse. Tags darauf schickte er mir einen Link zu einer Dokumentation über den Zionismus. *The Zionist Story*, so der Filmtitel, konfrontierte mich zum ersten Mal, wenn auch nur vage, mit jener Unfähigkeit meiner Vorstellungskraft, Juden als (Kriegs-)Verbrecher zu imaginieren. Der Film enthält aber auch manches andere, das bei mir zum Auslöser einer Suchbewegung wurde. Etwa die Feststellung: »Since the very beginning of Islam Jews and Moslems lived together in an unprecedented religious an cultural harmony [...] It all seemed to be going just fine – till the twentieth century.«

Das irritierte mich. Mein Vater, der aus der iranischen Stadt *Mashhad* stammte, hatte mir wiederholt von *Allahdad* erzählt, ein Ereignis des Jahres 1839, das im Gedächtnis der Bewohner Mashhads noch lebendig ist. In der ersten Hälfte des 18. Jahrhunderts hatte *Nader Schah*, der »Napoleon Persiens«, zahlreiche jüdische Kaufmannsfamilien in Maschhad ansiedeln lassen. Davor war es Juden verboten gewesen, diese den Schiiten heilige Stadt auch nur zu betreten. Nach der Ermordung Nader Schahs im Jahre 1747 wurde es den Juden in Mashhad untersagt, bestimmte Bezirke der Stadt zu betreten – und sie waren wieder gezwungen, Abzeichen zu tragen. 1839 kam es dann am Tag vor dem Pessachfest zur Katastrophe. Der Mob stürmte jüdische Häuser, steckte Synagogen und Schriftrollen in Brand und tötete Dutzende Juden. Der Großteil der Überlebenden wurde gezwungen, den Islam anzunehmen, blieb aber, wie die Marranen auf der iberischen Halbinsel, insgeheim dem Judentum treu.

Das Massaker und die darauffolgende Zwangsbekehrung wurden als *Allahdad*, bekannt, wörtlich: *Die Gerechtigkeit Gottes*, in der Regel mit *Tag der Gerechtigkeit Gottes* übersetzt.

Die Behauptung, daß Moslems und Juden »since the very beginning of Islam in an unprecedented religious and cultural harmony« zusammengelebt haben sollten, irritierte mich jedenfalls. Wie mich seinerzeit die Allahdad-Erzählungen des Vaters irritiert hatten. Damals glaubte ich zu wissen, daß Judenpogrome eine exklusive Spezialität des christlichen Europas gewesen seien, und es »früher« in »Ländern des Islam« so etwas wie Antisemitismus – korrekter müßte man hier von Judenfeindlichkeit sprechen – nicht gegeben hatte.

Ich begann mich – lange vor *The Zionist Story* – intensiver mit dem Thema zu befassen, und siehe da: *Wikipedia* gab mir recht. Was ich im Internet fand, läßt sich in etwa so zusammenfassen:

Erstens: Es gab »früher« keine Feindschaft gegen Juden im Islam.

Zweitens: Sollte es Feindschaft gegen Juden im Islam gegeben haben, war sie, verglichen mit der Feindschaft gegen Juden im christlichen Europa, »nicht weiter schlimm«.

Drittens: Sollte es Feindschaft gegen Juden im Islam gegeben haben und sollte diese tatsächlich »schlimm« gewesen sein, war sie nicht »ursprünglich-islamisch« – sondern ein Import aus dem Westen.

Viertens: Sollte es Feindschaft gegen Juden im Islam gegeben haben (und geben), ist sie die Folge des israelisch-arabischen Konflikts.

Die Absurdität von *erstens* bis *viertens* wurde mir klar, als ich mich über Wikipedia hinauswagte. Nachträglich betrachtet, hätten schon die Widersprüche in den einschlägigen Wikipedia-Seiten genügen müssen, um Zweifel an der Haltbarkeit von *erstens* bis *viertens* in mir zu erwecken.

Auf der Wikipedia-Seite *Islam and Antisemitism* findet sich etwa die Behauptung, die Feindschaft gegen Juden in islamischen Ländern »arose relatively recently, in the 19th century, against the backdrop of Jewish and Arab nationalism, and was *imported* into the Arab world primarily by nationalistically minded Christian Arabs and only subsequently was ›islamized‹« [Hervorhebung von mir]. Im übernächsten Absatz wird *Allahdad* erwähnt. Daß an jenem »Tag der Gerechtigkeit Gottes« ein Massaker stattgefunden hat, wird aber – seltsam genug – unterschlagen (»It was only by forcible conversion, that a massacre was averted«). Vor allem bleibt unklar, wie »jüdischer« oder »arabischer Nationalismus«, den es zu jenem Zeitpunkt nicht gab, oder (christliche) Araber, bei einem Pogrom des Jahres 1839 im Osten Irans eine Rolle gespielt haben könnten.

Daß – wie häufig in der einschlägigen Literatur – auch hier Araber und Islam sowie Iraner und Araber gleichgesetzt werden, erscheint demgegenüber fast vernachlässigbar.

Aber ist Allahdad für den Umgang des historischen Islam mit seinen Juden repräsentativ? Sollten wir unseren Blick statt auf jenes, möglicherweise singuläre Ereignis nicht auf »positivere« historische Beispiele für das Zusammenleben von Moslems und Juden richten? Auf das islamisch beherrschte Spanien etwa? Dieses gilt als Muster multireligiöser Toleranz. Tatsächlich herrschte in Spanien, etwa in der zweiten Hälfte des 10. Jahrhunderts unter den Kalifen Abdurrahman III. und Al-Hakam II. eine Atmosphäre weitgehender Toleranz gegenüber Juden und Christen, Künste und Wissenschaften erlebten eine Blüte.

Allerdings berichtet die selbe Wikipedia-Seite, in der behauptet wird, die Feindschaft gegen Juden in islamischen Ländern sei ein modernes resp. aus dem christlichen Europa importiertes Phänomen, über Judenpogrome im 11. Jahrhundert in Granada und Cordoba. In Granada wurde der jüdische Minister *Joseph ibn-Naghrela* zusammen mit 4000 anderen Juden massakriert. Im 12. Jahrhundert stellten die

Herrscher der Almohad-Dynastie die spanischen Juden vor die Wahl, zum Islam zu konvertieren oder das Land zu verlassen. Der Arztphilosoph *Maimonides* tat beides. Er konvertierte zum Islam und floh nach Ägypten. Dort bekannte er sich wieder zum Judentum – woraufhin er, der Apostasie (des Abfalls vom Islam) angeklagt, nur knapp dem Tod entrann.

Allahdad, Granada und Cordoba, die Vertreibungen und Zwangsbekehrungen unter den Almohaden waren keine singulären oder atypischen Ereignisse. Judenfeindliche Haltungen und Handlungen im *Dar al-Islam*, den Ländern unter islamischer Herrschaft, waren weder auf das Spanien des 11. und 12. noch auf den Iran des 19. Jahrhunderts beschränkt.

Freilich gab es zwischen der Judenfeindlichkeit im christlichen Europa und jener im Dar al-Islam Differenzen. Anders als im traditionellen Christentum bezichtigt der Islam die Juden nicht des Gottesmordes. Die Position traditioneller islamischer Mehrheitsgesellschaften gegenüber Juden könnte man mit dem Orientalisten *Bernard Lewis* als eine der *Verachtung* bezeichnen[2]. Die folgende Auflistung der Erniedrigungen und Einschränkungen, denen Juden im Iran unterworfen waren – und die Lewis als Ausdruck jener Verachtung auffassen würde – stammt vom britischen Schriftsteller und Staatsmann *Lord Curzon*. Ähnliche Vorschriften existierten in sämtlichen vom Islam beherrschten Gesellschaften:

> »Usually compelled to live apart in a ghetto, or separate quarter of the towns, they have from time immemorial suffered from disabilities of occupation, dress, and habits which have marked them out as social pariahs from their fellow creatures. The majority of Jews in Persia are engaged [...] in professions to which is attached no great respect. They rarely attain to a leading mercantile position. In Isfahan [...] they are not permitted to wear the kolah or Persian head-dress, to have shops in the bazaar, to build the walls of their houses as high as a Moslem neighbour's, or to ride in the streets. [...] In Shiraz they are very badly off. At

2 Bernard Lewis, *Juden in der islamischen Welt,* München 2004, S. 38.

63

Bushire they are prosperous and free from persecution. As soon, however, as any outburst of bigotry takes place in Persia and elsewhere the Jews are apt to be the first victims.«[3]

Verachtung als ausschließliches Erklärungsmodell greift aber zu kurz. 717, ein halbes Jahrtausend vor der Einführung der ersten Judenzeichen in Europa, erließ der Umayyaden-Kalif Omar II. Bekleidungsvorschriften für seine jüdischen Untertanen. An diese und andere später eingeführte Kleiderordnungen mußten sich häufig auch Christen halten. Christen im Iran des 9. Jahrhunderts mußten blaue, Juden gelbe Gürtel tragen. Oft betraf die Kennzeichnungspflicht aber ausschließlich Juden. Die verschiedenen, von Periode zu Periode und Region zu Region variierenden Bekleidungsregeln scheinen aber nicht bloß – und nicht in erster Linie – Ausdruck der von der moslemischen Mehrheit empfundenen Verachtung gegenüber Juden (und Christen) gewesen zu sein. Sie hatten auch – und vor allem – die Funktion, Juden (oder auch Christen) zu *kennzeichnen*, um sie *meiden* zu können. Juden galten, zumindest im schiitischen Islam, als unrein. Vor ihnen hatte der Gläubige eine Art Tabu-Angst. Kam es zu einer Berührung, mußte er sich – nicht selten durch komplizierte Rituale – wieder reinigen.

Wir würden auch einem Mißverständnis unterliegen, wenn wir das System der beruflichen, sozialen, baulichen etc. Einschränkungen und all die Bekleidungs- und Kennzeichnungsregeln als äußeren Ausdruck eines in den Augen der moslemischen Mehrheit *bereits vorhandenen* Gefühls der Überlegenheit über die Juden auffassen würden – und nicht als eine Veranstaltung, um jene Überlegenheit *erst herzustellen*.

Das Gefühl der Verachtung kann, wenn sich dessen Objekt nicht mehr als verachtungs*würdig* erweist, umschlagen. Etwa dann, wenn sich jenes Objekt nicht mehr als schwach und unterlegen zeigt, sondern überlegen und stark. Zum Beispiel in

3 George Nathaniel Curzon, *Persia and the Persian Question,* Bd II, London 1892, S. 510–511.

mörderischen Hass. So geschehen im Falle *Joseph ibn-Naghrelas*, des jüdischen Ministers des moslemischen Berber-König *Badis al-Muzaffar* im Granada des 11. Jahrhunderts. Und so geschehen im 20. und 21. Jahrhundert im Falle Israels.

Zurück zu *The Zionist Story*, dem Film, der mich zum ersten Mal mit jener Unfähigkeit meines Vorstellungsvermögens konfrontierte.

The Zionist Story ist – das wurde mir erst später klar – ein krass einseitiges, antizionistisches Filmpamphlet. So wird etwa der für die Frühphase des arabisch-jüdischen Konflikts maßgeblichste arabische Führer, *Haj Amin al-Hussaini*, mit keinem Wort erwähnt. Offenbar in der Absicht, »die Palästinenser« als »reine Opfer« darzustellen. Hussaini war Großmufti von Jerusalem – und prominenter Nationalsozialist. Während der ersten Hälfte der vierziger Jahre residierte der »arabische Freund des Führers« in einer Villa in Berlin-Zehlendorf, und spielte eine wichtige Rolle bei der Organisation und Indoktrinierung von islamischen Wehrmachts- und Waffen-SS-Einheiten. 1943 verhinderte er den Austausch von 4000 jüdischen Kindern gegen deutsche Gefangene. Die Kinder wurden in deutsche Konzentrationslager gebracht und ermordet. »Tötet die Juden, wo immer ihr sie findet – das ist im Sinne Gottes, der Geschichte und der Religion«, war sein im März 1944 über Radio Berlin verbreitetes Motto. Überhaupt ist der Holocaust dem Regisseur von *The Zionist Story* gerade einmal eine filmische Fußnote wert.

Dennoch: Es war *The Zionist Story*, die den Anstoß gab, mich mit jenen Ereignissen zwischen 1947 bis 1949 – zwischen der Verabschiedung des UN-Teilungsplans für Palästina und dem Ende des ersten israelisch-arabischen Krieges – zu beschäftigen, die hunderttausende Palästinenser zu Flüchtlingen machten.

Was ich bis dahin über jene Ereignisse zu wissen glaubte, ist rasch zusammengefaßt: Die Palästinenser hätten der über Radiosender verbreiteten Aufforderung jener arabischen Staaten, die Israel 1948 überfallen hatten, Folge geleistet, und ihre Heimatorte verlassen – im Glauben auf eine baldige triumphale Rückkehr.

The Zionist Story konfrontierte mich mit einer anderen Version jener Geschichte, die mich irritierte und verunsicherte. Ich wollte es genau wissen, und begann mich mit anderen, seriöseren Quellen auseinanderzusetzen. Mit überraschenden Resultaten:

– *Erskine Childers*, ein irischer BBC-Korrespondent, konnte schon 1961 nachweisen (oder glaubte, es nachweisen zu können), daß es nicht nur keine über arabische Sender verbreiteten Aufrufe an die Palästinenser gab, ihre Heimatorte zu verlassen. Arabische Sender hätten die Palästinenser, im Gegenteil, aufgefordert, zu bleiben.[4]

– Ich erfuhr vom Plan Dalet, dem Plan D der *Haganah* (des paramilitärischen Vorläufers der israelischen Armee). Plan D, so das traditionelle israelische Narrativ, sollte den – laut UN-Plan – jüdischen Teil Palästinas und, in Erwartung eines arabischen Angriffs, die Außengrenzen des jüdischen Staates sichern. Für arabische Autoren und die Mehrzahl der sogenannten »neuen israelischen Historiker« hatte Plan D hingegen die (mehr oder weniger) systematische Vertreibung des Großteils der Palästinenser zum Ziel. Daß Plan D zum Zweck der Verteidigung erdacht und umgesetzt worden sei, wird von einigen dieser Autoren ebenfalls bestritten, denn am Ende sei Israel, neben der Sicherung des laut UN-Plan jüdischen Teils Palästinas, auch die Eroberung von 60 % des arabischen Territoriums gelungen.

– Vertreibung impliziert Gewalt. Ich mußte zur Kenntnis nehmen, daß die Vertreibungen von Massakern begleitet waren. Und daß das Massaker von *Deir Yassin*, bei dem Paramilitärs der extremistischen *Irgun* und *Lehi* über 100 arabische Zivilisten ermordeten, das bekannteste, offenbar aber nicht das einzige seiner Art war. *Ben Morris*, der »zionistischste« der neuen israelischen Historikern, der »the displacement of the 700,000 Arabs« als Resultat »of a national conflict and

4 Erskine Childres, *The Other Exodus*, The Spectator, 12. Mai 1961.

a war ... launched *by the Arabs themselves* [Hervorhebung von mir] ...« bezeichnet hat, schreibt:

»The tendency of military commanders to ›nudge‹ Palestinians‹ flight increased as the war went on. Jewish atrocities – far more widespread than the old histories have let on (there were massacres of Arabs at Ad Dawayima, Eilaboun, Jish, Safsaf, Majd al Kurum [...], Saliha and Sasa, besides Deir Yassin and Lydda and other places) – also contributed significantly to the exodus.«[5]

Eine Lektüreempfehlung

Alles das kam mir in den Sinn, Allahdad, Cordoba, Granada, Al-Hussaini, Plan D, Deir Yassin, die neuen Historiker – dichtgedrängt, wie der Lebensfilm im Angesicht des Todes –, während mir U. seine Theorie der Entstehung jener Unfähigkeit meiner Vorstellungskraft auseinanderlegte. Als er fertig war, berichtete ich ihm von der Suchbewegung, die der Distinguierte und *The Zionist Story* bei mir ausgelöst hatten, und von deren Ergebnissen – wissend, daß U. das alles schon wußte.

Was ich ihm nicht erzählte: Ich hatte, kurz nach Ansicht von *The Zionist Story*, den Distinguierten auf der Straße getroffen, und ihm, in einer Offenheit, die mich selbst überraschte (bekanntlich sind Iraner Weltmeister in Höflichkeit), mitgeteilt, was ich von *The Zionist Story* hielt. Und daß die Behauptung, Juden und Moslems hätten »seit den Anfängen des Islam in beispielloser Harmonie« zusammengelebt, schlicht gelogen sei.

Zum ersten Mal seit ich ihn kannte, reagierte der Distinguierte ganz undistinguiert. Sprach laut und schnell und sehr lange (auch er verfügt über ein enzyklopädisches Wissen), *es gibt,* sagte er, *von Haus aus aggressive Völker, du als Psychoanalytiker solltest dich damit befassen.* Und kam dann auf das Volk der *Khasaren* zu sprechen, einem zentralasiatischen

---

5 Ben Morrison, *1948 and After. Israel and the Palestinians,* Oxford 1990, S. 22.

Turkvolk, das den Iran im Mittelalter wiederholt überfallen hätte – und jüdischen Glaubens gewesen sei. Seither habe ich den Distinguierte nicht mehr gesehen.

Beim Abschied drückte mir U. ein Buch in die Hand, Max Horkheimers und Theodor W. Adornos *Dialektik der Aufklärung: Schau mal in das Antisemitismus-Kapitel hinein.* Ich kannte das Buch. Hatte es einmal gelesen, einer Freundin geborgt und nicht mehr zurückerhalten. An den Inhalt konnte ich mich kaum mehr erinnern.

Das Treffen mit U. dauerte bis spät in die Nacht. Ich ging mit dem Vorsatz zu Bett, am Morgen das Antisemitismus-Kapitel zu lesen. In der Nacht hatte ich einen Traum. Er spielte in einer kargen, unwirklichen Landschaft, wie in den Bildern *Giorgio de Chiricos.* Eine unendlich lange Menschenschlange führte zu einer Art unendlich langen Theke. Die Menschen waren schwarz gekleidet und hielten blaue Luftballons in der Hand. Es war die Rede von einem *seltsamen Opferritual.* An mehr erinnere ich mich nicht.

Am nächsten Morgen fand ich in der *Dialektik der Aufklärung* das Folgende:

>»Der Antisemitismus ist [...] ein Ritual der Zivilisation, und die Pogrome sind die wahren Ritualmorde.«[6]

>»[Der Jude] ist in der Tat der Sündenbock. Nicht bloß für einzelne Manöver und Machinationen, sondern in dem umfaßenden Sinn, daß ihm das ökonomische Unrecht der ganzen Klasse aufgebürdet wird.«[7]

>»Den Juden, mit dieser ihrer Schuld beladen, [...] schlagen sie ans Kreuz, endlos das Opfer wiederholend, an dessen Kraft sie nicht glauben können.«[8]

Beim Lesen dieses letzten Satzes fiel mir mein Traum ein, und die Rede vom *seltsamen Opferritual.* Das kam mir ein wenig unheimlich vor, und ich mußte, wie immer, wenn ich

---

6 Max Horkheimer/Theodor W. Adorno, *Dialektik der Aufklärung,* Frankfurt am Main 1969, S. 180.
7 Ebd., S. 183.
8 Ebd., S. 177.

glaube, dem Übersinnlichen begegnet zu sein, an meinen Lehranalytiker denken. Der hatte für alles Übersinnliche eine nüchterne Erklärung. Auch ich fand eine Erklärung für meinen vorgeblich prophetischen Traum: Ich hatte ja die *Dialektik der Aufklärung* einschließlich des Antisemitismus-Kapitels vor Jahren schon einmal gelesen, und auch wenn ich mich an den Inhalt kaum erinnerte, war wohl der Vorsatz, am nächsten Morgen die *Dialektik der Aufklärung* zu lesen, zusammen mit der – unbewußten – Erinnerung an das Buch, die Quelle für jene Rede vom *seltsamen Opferritual* in meinem Traum.

Eine Assoziationskette führte mich von der *Dialektik der Aufklärung* über meinen Lehranalytiker, einen Lacanianer, zu Jaques Lacan, der in Zusammenhang mit dem Holocaust ebenfalls von einem »den dunklen Göttern« dargebrachten »Opfer« spricht[9].

U. hatte mir vorgeworfen, die Juden immer nur als *Opfer* zu sehen, was ich zurückgewiesen hatte. Bei *Opfer* hatte ich, und ich vermute auch U., einfach nur an jemanden gedacht, »dem irgendwie etwas Böses passiert«. Opfer im wörtlichen und ursprünglichen Sinn ist aber jemand oder etwas, der oder das zum Objekt eines Tausches wird: Ich opfere etwas (den Göttern, einem Menschen, einem Ziel), in der Hoffnung, dafür etwas Wertvolleres zu erhalten. Könnte es nicht sein, fragte ich mich nun, daß wenn wir das Wort *Opfer* – wie Horkheimer, Adorno und Lacan es getan haben –, in dieser Weise wörtlich nehmen, der Holocaust, der Antisemitismus, Israel und schließlich auch jene Unfähigkeit meiner Vorstellungskraft in einem andern Licht erscheinen?

Als unspezifisches »Böses« aufgefaßt, wäre der Holocaust jedenfalls *keine* Erklärung für die Unfähigkeit meiner Vorstellungskraft, Juden als Verbrecher zu imaginieren. Denn die bloße Tatsache, daß jemandem etwas Böses passiert ist, vermag in uns nicht die Vorstellung zu erzeugen, jene Per-

9 Jaques Lacan, *Das Seminar, Buch XI, Die vier Grundbegriffe der Psychoanalyse*, Weinheim und Berlin 1987, S. 289.

son habe sich – in Reaktion auf jenes Böse – in einen guten oder besseren Menschen verwandelt. Im Gegenteil: Jemandem, dem Böses widerfährt, schreiben wir spontan eher Rachegefühle zu, also die Tendenz, Böses mit Bösem zu vergelten.

Von den Juden aber nehmen wir an, daß sie jenes *absolut Böse* – der Holocaust – zu *absolut Guten* gemacht haben soll. Ich sage wir, denn im Zuge meiner Auseinandersetzung mit jener Unfähigkeit meiner Vorstellungskraft wurde mir klar, daß ich mit ihr nicht allein war. *Auschwitz war keine Schule des Gutmenschentums,* schrieb die Philosophin Isolde Charim als Reaktion auf genau diese Erwartungshaltung, die sich in den Debatten angesichts des Libanonkriegs wieder einmal artikuliert hatte[10].

Sehen wir uns das Wörtlich-Nehmen des Opferbegriffs nun genauer an:

> »In der Geschichtsschreibung der Zeit, die wir durchlebt haben, ist etwas, das tief unter einer Maske versteckt geblieben ist. Ich meine jene überaus montsrösen, angeblich längst überwundenen Formen des Opfers, die im Drama des Nazismus wieder Gegenwart wurden. Ich behaupte, daß keine Geschichtsauffassung, die sich auf hegelomarxistische Prämissen stützt, von diesem Wiederauftreten Rechenschaft zu geben imstande ist, bei dem es sich zeigt, daß den dunklen Göttern zu opfern etwas ist, dem, in einer Art monströsen Befangenheit, nur wenige nicht erliegen.«[11]

sagt Jaques Lacan in seiner gewohnt monströsen Art, Sätze zu formulieren, über den Holocaust. Hier erscheint Lacan aber nicht so sehr schwer verständlich – als vielmehr schwer nachvollziehbar. Denn einen Zusammenhang zwischen dem Begriff des Opfers im wörtlichen und ursprünglichen Sinn (im Sinne des Tausches also) und dem Nationalsozialismus scheint es nur dort zu geben, wo der Nationalsozialismus *seinen eigenen Anhängern* Opfer abverlangte. Ein »guter Nazi«

10 Isolde Charim, *Israel kritisieren aber richtig,* derStandard.at, 2. August 2006 http://derstandard.at/2538485.
11 Jaques Lacan, *Das Seminar. Buch XI,* S. 289.

mußte bereit sein, seine materiellen und geistigen Ressourcen, wenn es sein mußte, auch sein Leben zu opfern, um Führer, Volk und Vaterland zu dienen. Das Opfer, das er brachte, hatte eine konkrete Funktion. Er gab etwas, im Extremfall sein Leben, um der Volksgemeinschaft, im Krieg etwa, einen Vorteil zu verschaffen.

Das Opfern der Juden hingegen hatte überhaupt keinen rational faßbaren Zweck.

Darauf verweist die Behauptung Lacans, daß

> »keine Geschichtsauffassung, die sich auf hegelomarxistische Prämissen stützt ... [vom Holocaust, Anm. von mir] Rechenschaft zu geben imstande ist.«

Eine Behauptung, die auf jene traditionellen marxistischen Autoren wohl zutreffen mag, die Antisemitismus und Holocaust als Mittel zu einem anderen, häufig ökonomischen Zweck zu erklären versuchen.

Adorno und Horkheimer, die wir mit einiger Berechtigung als »Hegelomarxisten« bezeichnen dürfen, teilten diese Auffassung aber nur bedingt. In der *Dialektik der Aufklärung* wird die Annahme eines den Antisemitismus motivierenden *ökonomischen* Zwecks jedenfalls zurückgewiesen:

> »Daß die Demonstration seiner ökonomischen Vergeblichkeit die Anziehungskraft des völkischen Heilmittels [i. e. des Antisemitismus, Anm. von mir] eher steigert als mildert, weist auf seine wahre Natur hin [...] Gegen das Argument mangelnder Rentabilität hat sich der Antisemitismus immun gezeigt. Für das Volk ist er ein Luxus.«[12]

Die in jüngerer Zeit vom marxistischen Theoretiker *Moishe Postone* formulierten Thesen über den modernen Antisemitismus stellen eine »Zweckrationalität« des Holocaust ebenfalls in Abrede, gehen über die Theorien Horkheimers und Adornos aber hinaus. Hatten letztere dem Antisemitismus bei aller »ökonomischer Vergeblichkeit« noch eine »Zweckmäßigkeit für die Herrschaft«[13] attestiert, hatte der

---

12 Max Horkheimer/Theodor W. Adorno, *Dialektik der Aufklärung*, S. 179.
13 Ebd., S. 179.

Holocaust nach Postone weder eine politische noch eine militärische Funktion.

Der moderne Antisemitismus, so Postone, nehme die Juden nicht mehr, wie noch Horkheimer glaubte, bloß als »Träger von Geld« wahr. Er identifiziere sie in einem viel umfassenderen Sinn mit dem Kapitalismus, der auch noch den Sozialismus und den Kommunismus – als Reaktionen auf diesen – miteinschließe. Der Antisemit sei daher imstande, »den Juden« als geheime Macht sowohl hinter dem Kapitalismus als auch hinter dem Kommunismus auszumachen.

> »Die Juden wurden nicht bloß als Repräsentanten des Kapitals angesehen (in diesem Fall wären die antisemitischen Angriffe wesentlich klassenspezifischer gewesen), sie wurden vielmehr zu Personifikationen der unfaßbaren, zerstörerischen, unendlich mächtigen, internationalen Herrschaft des Kapitals [...] Die Überwindung des Kapitalismus und seiner negativen Auswirkungen wurde mit der Überwindung der Juden gleichgesetzt.«[14]

Der Jude sei für den modernen Antisemiten die Personifikation der »abstrakten« (genauer: der abstrakt scheinenden) Seite des Kapitalismus. Abstraktheit, Unfaßbarkeit, Universalität, Mobilität – jene Merkmale, die der moderne Antisemit den Juden zuordne, seien genau jene Merkmale, die nach der Analyse von Marx der »erscheinenden abstrakten Seite«[15] der im Kapitalismus vorherrschenden gesellschaftlichen Formen zukommen würden.

Indem sie der »Unzweckmäßigkeit« des Holocaust das Wort reden, scheinen also Horkheimer, Adorno und Postone Lacan – der die »hegelomarxistischen« Erklärungsansätze des Holocaust eben wegen jenes Moments der »Unzweckmäßigkeit« für ungültig erklärt – recht zu geben. Auf den zweiten Blick stoßen wir jedoch auf eine Paradoxie: Wenn es sich beim Holocaust, wie Lacan behauptet, um ein Opfer für die »dunklen Götter« gehandelt haben soll, wenn wir uns also

14 Moishe Postone, Nationalsozialismus und Antisemitismus
http://www.anarchismus.at/antifaschismus/faschismus-und-nationalsozialismus/367-postone-nationalsozialismus-und-antisemitismus).
15 Ebd.

innerhalb der Logik des Opfers im ursprünglichen und wörtlichen Sinn bewegen, dann bewegen wir uns – doch wieder –
innerhalb der Logik der Funktionalität: Die Nazis opferten
die Juden, um einen ihnen selbst unbewußten Zweck zu erreichen.

Thrift, thrift, Horatio!

Um welchen Zweck es sich dabei gehandelt haben könnte,
verrät uns Lacan allerdings nicht, zumindest nicht hier. *Slavoj
Žižek,* Lacanianer *und* Hegelomarxist, auf dessen Texte mich
ebenfalls mein Lehranalytiker aufmerksam gemacht hatte,
vergleicht die Redeweise Lacan in dessen *Seminaren* mit der
eines Patienten auf der Couch:

> »In den Seminaren verhält sich Lacan wie der Analysand: er as-
> soziiert [...] improvisiert, läßt etwas aus und macht Sprünge,
> spricht sein Publikum an, das damit in die Rolle einer Art kol-
> lektiven Analytikers versetzt wird.«[16]

Lacans *Schriften* hingegen würden sich – umgekehrt – wie
die Interventionen eines *Analytikers* lesen. Konzentriert,
zweideutig, fromel-, oft auch orakelhaft, würden sie den Leser in die Position eines *Analysanden* versetzen, den die Deu-
tungen des Analytikers ratlos und mitunter verzweifelt
machten. So seien beide, Seminare und Schriften, unver-
ständlich auf je eigene Art. Žižek empfiehlt, bestimmte Seminare Lacans mit bestimmten Passagen seiner Schriften – oder
verschiedene Stellen in den Seminaren miteinander – zu konfrontieren, mit dem Ziel gegenseitiger Entschlüsselung.

Wie das funktionieren könnte, demonstriert er uns, indem
er jenen Abschnitt über den Holocaust in Lacans Seminar XI
mit einer Stelle aus dem Seminar VI *Desir et son interpretation*
konfrontiert.[17] Lacan zitiert dort Hamlets ironisch-verzwei-
felte Klage darüber, daß die Hochzeit seiner Mutter knapp
nach dem Begräbnis seines Vater stattfgefunden habe (Hamlet, 1. Akt, 2. Szene):

16 Slavoj Žižek, *Lacan. Eine Einführung,* Frankfurt 2008, S. 165.
17 Slavoj Žižek, *Die gnadenlose Liebe,* Frankfurt a.M. 2001, S. 16.

Horatio:
Ich kam zum Begräbnis deines Vaters.
Hamlet:
Mach dich nicht lustig über mich, mein Freund,
Ich glaub, du kamst zur Hochzeit meiner Mutter.
Horatio:
Es stimmt. Sie folgte knapp darauf.
Hamlet:
Man spart, man spart, Horatio [Thrift, thrift, Horatio]!
Die Fleischpasteten vom Leichenschmaus bot man zur
Hochzeit kalt an.

und meint:

> »Dieser Begriff [thrift] [Lacan verwendet ihn im englischen
> Original, Anm. von mir] erinnert uns daran, daß bei den Be-
> quemlichkeiten, welche die moderne Gesellschaft zwischen Ge-
> brauchswerten und Tauschwerten hervorgebracht hat, etwas in
> der Marx'schen Wirtschaftsanalyse, der für das Denken unserer
> Zeit dominanten, übersehen wurde – etwas, dessen Stärke und
> Ausmaß wir in jedem Augenblick empfinden, nämlich die
> Ritualwerte [Hervorhebung von mir].«[18]

Für Lacan sei *thrift* nicht bloß eine unspezifische Form der
Sparsamkeit, sondern die »Weigerung, das Trauerritual angemessen durchzuführen«[19]. Diese spezifische Art von Sparsamkeit schmälere »den Wert *des Rituals*«. Und das Ritual,
so Žižek, sei

> »letztlich das Ritual des Opfers, das den Raum für intensiven
> Konsum öffnet. Nachdem wir den Göttern [...] geopfert haben,
> dürfen wir selbst ein herzhaftes Mahl zu uns nehmen und uns an
> den Resten gütlich tun.«[20]

Aber:

> »Statt einen freien Konsum ohne Opfer möglich zu machen, er-
> zeugte die moderne ›totale Ökonomie‹ [...] die Paradoxien der
> Sparsamkeit – es gibt keinen großzügigen Konsum, sondern der
> Konsum ist nur insoweit gestattet, als er wie die Erscheinungs-
> form seines Gegenteils funktioniert.«[21]

Mit der an Hegel angelehnten Formel vom Konsum, der
»wie die Erscheinungsform seines Gegenteils funktioniert«,

18 zit. nach Žižek, ebd.
19 Ebd.
20 Ebd. S. 20.
21 Ebd.

verweist Žižek auf die klassische Marketingstrategie des Mengenrabatts: Im (modernen) Kapitalismus ist der Konsument ständig mit der Forderung konfrontiert, mehr zu konsumieren – um zu sparen. Also mehr auszugeben, um weniger auszugeben. »Kauf drei – und zahl zwei (Schokoladen, Zahnpastatuben, Hosen etc.)!«

Diese und andere »Paradoxien der Sparsamkeit« resultieren aber, und das scheint Žižek zu übersehen, aus einem grundlegenderen Zusammenhang: Daß wir überhaupt sparen müssen, etwa, weil wir als Lohnabhängige nichts als unsere Arbeitskraft (zu verkaufen) haben, und am Ende immer »draufzahlen«:

> »Der kleinste Magnat kann über ein Quantum von Diensten und Gütern verfügen wie kein Herrscher zuvor; die Arbeiter jedoch erhalten das sogenannte kulturelle Minimum. Nicht genug, daß sie am Markt erfahren, wie wenig Güter auf sie entfallen, preist der Verkäufer noch an, was sie sich nicht leisten können. Im Verhältnis des Lohns zu den Preisen erst drückt sich aus, was den Arbeitern vorenthalten wird [...] Der Kaufmann präsentiert ihnen den Wechsel, den sie dem Fabrikanten unterschrieben haben. Jener ist der Gerichtsvollzieher fürs ganze System und nimmt das Odium für die anderen auf sich.«[22]

So Horkheimer und Adorno in der *Dialektik der Aufklärung* und in enger Anlehnung an Marx.

Aber es sind nicht nur Tausch- und Gebrauchswerte, Geld und Güter also, woran der durchschnittliche Konsument heute sparen muß. Oder nicht so sehr: Denn verglichen mit dem Lebensstandard früherer Jahrhunderte kann sich das »Quantum von Diensten und Gütern«, über das heutige Lohnabhängige in entwickelten kapitalistischen Gesellschaften verfügen, ebenfalls sehen lassen. Was heute eher fehlt, ist das »herzhafte Mahl«. Jener »intensive« und »großzügige« Konsum, dessen Kehrseite, und Voraussetzung, das großzügige, intensive und »herzhafte« (Aus-)Geben und Sich-Verausgaben darstellt. Jenes Geben und Op-

22 Max Horkheimer/Theodor W. Adorno, *Dialektik der Aufklärung,* S. 183.

fern, jener (zumindest in der Phantasie) befreiende Exzeß, der, mit Lacan zu sprechen, den Ritualwert konstituiert – und dessen »Produktion« uns noch in den 1950er Jahren in den authentischeren Varianten der Potlatch-Rituale nordamerikanischer Indianer begegnete.

> »Und war der Nationalsozialismus, fragt Žižek, nicht der [...] Versuch, dem Ritualwert durch den Holocaust, diesem gigantischen Opfer für die ›obskuren Götter‹ [...], wieder seinen angestammten Platz zurückzugeben? Folgerichtig war das Objekt der Opferung der Jude als Inkarnation der kapitalistischen Paradoxien der Sparsamkeit.«[23]

In Auschwitz wurden keine Werte geschaffen, schreibt Postone, sondern vernichtet. In Auschwitz *wurden* Werte geschaffen, würden Žižek und Lacan antworten: Ritualwerte.

Die Sehnsucht nach jenem »herzhaften Mahl«, das nur dann zu haben sei, wenn wir »den Ritualwerten ihren angestammten Platz zurückgeben« würden, bildet die Quelle einer heute weit verbreiteten Form des Antikapitalismus. Eines Antikapitalismus, der stets die Sphäre des Geld- und des Warenaustauschs im Blick hat sowie die Sphäre des Konsums, unter Absehen von der Sphäre der Produktion. Und der sich in Umverteilungsdebatten erschöpft, ohne sich für die Bedingungen zu interessieren, aus denen jene Ungleichheit, die einmal *Klassengegensatz* hieß, und die via Umverteilung abgemildert werden soll, überhaupt resultiert: Die Trennung der Arbeiter und Angestellten von den Produktionsmitteln, ihre Abfindung mit Lohn, die Profitmaximierung auf Seiten der Unternehmer.

Diesen antikapitalistischen Reflex, die Sehnsucht nach dem »herzhaften Mahl« und das Bedürfnis, den von Lacan so genannten Ritualwerten ihren angestammten Platz zurückgeben, teilen wir – mit den Nazis.

Eine bittere Pille, auf die Lacans dunkle Rede,

> »daß den dunklen Göttern zu opfern, etwas ist, dem, in einer Art monströsen Befangenheit, nur wenige nicht erliegen.«

23 Slavoj Žižek, *Die gnadenlose Liebe*, S. 20.

zu verweisen scheint. Aber ich war bereit, diese Pille zu schlu-
cken, hatte ich doch den Verdacht, daß zwischen jener
»monströsen Befangenheit« und jener Unfähigkeit meiner
– und nicht nur meiner – Vorstellungskraft ein Zusammenhang bestehen könnte.

Kampusch oder die nachträgliche Weihe

Bevor das Tier (die Frucht, der Mensch), geopfert werden
kann, muß es (sie, er) geweiht werden. Erst der Akt der Weihe
macht das Objekt zu einem heiligen, opferwürdigen – das, so
Lacan, Ritualwert produzieren kann.

Weiter oben habe ich auf den Unterschied zwischen »Opfer« im ursprünglichen und rituellen und »Opfer« im un-
spezifischen Sinn (ein Geschädigter, Opfer von Gewalt, Fol-
ter, Naturkatastrophen etc.) hingewiesen. In bestimmten
Fällen neigen wir aber dazu, Opfer im alltagssprachlichen
Sinn wie Opfer im rituellen Sinn zu behandeln.

Im März 1998 wurde die damals zehnjährige Natascha
Kampusch vom arbeitslosen Nachrichtentechniker Wolf-
gang Priklopil entführt und achteinhalb Jahre in seinem Haus
im niederösterreichischen Strasshof gefangen gehalten. Im
August 2006 gelang ihr die Flucht. Daraufhin beging Priklopil Selbstmord. Kampuschs Flucht löste ein beispielloses in-
ternationales Medienecho aus. Was uns am Fall Kampusch
interessieren sollte: Die große Anteilnahme, die ihr anfangs
entgegengebracht worden war, schlug irgendwann bei vielen
in blanken Hass um.

Warum – scheint niemand so recht zu wissen. Die »Erklä-
rungen« der Psychologen, Kampusch sei »zu stark«, agiere
»zu selbstbewußt« etc. überbieten einander an Trivialität
und sind unbefriedigend. Übersehen wird, daß die Öffentlichkeit erst dann irritiert zu reagieren begann, als *die* Frage
auftauchte: Ob Kampusch (am Ende auch noch freiwillig!)
Sex mit Priklopil hatte.

Die Erklärung der Trivialpsychologen, Kampusch schlage
blanker Hass entgegen, weil sie sich nicht wie ein »reines

Opfer« verhalte, macht Sinn, wenn wir »rein« anders verstehen als jene Psychologen es meinen: »Rein« nicht im Sinne von »ausschließlich«, sondern im Sinne von »rituell rein«: Geweiht, heilig, »unschuldig«. Im Fall Kampusch: *Rein von sexuellem Begehren.*

Unter bestimmten Umständen befällt uns offenbar das Bedürfnis, Opfer im alltagssprachlichen Sinn, so das Entführungsopfer Natascha Kampusch, in einem imaginären Akt – nachträglich – zum rituellen Opfer zu weihen.

Die Reihenfolge im Procedere des rituellen Opferns (ein Objekt wird *zuerst* geweiht, und durch den Akt der Weihe heilig, und ist *erst dann* opferwürdig) wird hier umgedreht: Zuerst wird jemand – im alltagssprachlichen Sinn und ohne rituelle Weihe – zum Opfer, sprich zum Geschädigten. *Erst dann* wird die oder der Geschädigte in einem Akt nachträglicher, imaginärer Weihe zum Opfer im rituellen Sinn – also zum Ritualwert produzierenden Opfer.

Jenen blanken Hass zog Natascha Kampusch auf sich, weil sie unserem Bedürfnis, sie als reines, heiliges Opfer zu imaginieren, zuwiderhandelte: Indem sie, so der Verdacht der Öffentlichkeit, (freiwillig) Sex mit Priklopil hatte.

Wenn aber ein Fall wie der Natascha Kampuschs das Bedürfnis auszulösen vermag, sie auf der Ebene unbewußter Phantasien zum rituellen Opfer zu weihen, dann müßte dieses Bedürfnis auch, und erst recht, im Falle des Holocaust am Werk sein. Als, mit Lacan zu sprechen, *monströse Befangenheit*, die uns (oder viele von uns) veranlaßt, die im Holocaust vernichteten Juden als rituelle, also Ritualwert produzierende Opfer zu imaginieren. Genauer: Sie *noch einmal* als Ritualwert produzierende Opfer zu imaginieren. Denn, wie gesagt: Der Holocaust war bereits für die Nazis (und auch hier wiederum auf der Ebene unbewußter Phantasien) ein gigantisches Opferritual, an dessen Ritualwert wir unbeteiligte Nachgeborene, oder viele von uns, ebenfalls teilhaben wollen.

Geeignet zur Produktion von Ritualwerten sind aber nur

»opferwürdige«, i. e. geweihte, reine, unschuldige Opfer –
auf keinen Fall Verbrecher oder gar Kriegsverbrecher.

An der Quelle jener Unfähigkeit meiner, und nicht nur
meiner, Vorstellungskraft, einen Juden als (Kriegs-)Verbre-
cher zu imaginieren, stünde also jenes Bedürfnis, dem, so Lacan, *in einer Art monströsen Befangenheit, nur wenige nicht er-
liegen*: Das Bedürfnis, den *dunklen Göttern zu opfern* – und
dieses Opfern als unbewußte Phantasie immer wieder zu wie-
derholen.

Diese Überlegungen mögen weit hergeholt erscheinen.
Und ähnlich schwer nachvollziehbar wie Lacans Rede von
den dunklen Göttern, was dem Umstand geschuldet sein
mag, daß sich die Phantasien, von denen hier die Rede ist, per
definitonem dem Bewußtsein entziehen.

Aber es gibt einen Autor, der jene vermuteten, unbewußten Phantasien von Ritual und Opferweihe, die ich aus Indi-
zien indirekt abzuleiten versuchte, direkt und im hellen Licht
des Bewußtseins entwickelt und ausformuliert hat. Die Rede
ist von *Ignaz Maybaum*, aus Wien gebürtiger amerikanisch-
jüdischer Theologe und einer jener Autoren, die den Holocaust aus jüdisch-theologischer Sicht zu erklären versuchten.

Maybaum vertritt die These, daß

> »The innocent who died in Auschwitz, not for the sake of their
> own sins but *because of the sins of others, atone for evil*; they are
> the sacrifice which is brought to the altar and which God ack-
> nowledges favorably. The six million, the dead of Auschwitz and
> of other places of horror, are Jews whom our modern civilization
> has to canonize as *holy martyrs*; they died *as sacrificial lambs be-
> cause of the sins inherent in western civilization. Their death pur-
> ged western civilization* so that it can again become a place where
> men can live, do justly, love mercy, an walk humbly with God.«[24]
> [Hervorhebungen von mir]

Für bare Münze genommen ist Maybaums These schlicht
verrückt. Aber sie hat als Wahnsinn Methode – oder insofern
methodischen Wert, als sie uns hilft, das Bedürfnis, das sich

24 Ignaz Maybaum, *A Reader.* Hrsg. von Nicholas de Lange, New York
2001, S. 168.

in jener Unfähigkeit der Vorstellungskraft ausdrückt, besser zu verstehen: Daß die jüdischen Opfer des Holocaust als »sacrificial lambs« gestorben sein sollen, erinnert uns an Christus als Erlöserfigur – als Gottes Opferlamm, das unschuldig stirbt, um uns von der Schuld zu befreien.

Nehmen wir den Mythos vom Opfertod Christi wörtlich, werden so unverdauliche Begriffe wie *Ritualwert* oder *nachträgliche Weihe* auf einmal verständlich: Wir schulden jemandem eine hohe Summe Geld, jemand Dritter opfert sich, um uns von unserer Schuld zu befreien – und Sonntag für Sonntag wird dieses Ritualwert produzierende Opfer, zwecks Produktion von Ritual*mehr*wert, reproduziert.

*

Seit jenem Treffen mit U., bei dem die besagte Unfähigkeit meiner Vorstellungskraft erstmals zur Sprache kam, sind Jahre vergangen. Über jene Unfähigkeit habe ich mit U. nie wieder gesprochen. Morgen werde ich ihn wiedersehen – und eine alte Zeitung mit haben, um ihm eine Stelle aus einem Interview mit Daniel Barenboim vorzulesen:

> »Als verfolgte Minderheit einen Staat aufzubauen, das ist uns Juden hervorragend gelungen: mit eigener Polizei, eigenen Kindergärten, eigener Kultur, eigenen Technologien, eigenen Prostituierten ... Aber selbst die Mehrheit zu sein und uns im eigenen Land um Minderheiten zu kümmern ... das haben wir versäumt. Ein grober Fehler. *Denn wer, wenn nicht wir Juden mit unserer Leidensgeschichte, müsste dem Leiden anderer gegenüber besonders sensibel sein.*«[25] [Hervorhebungen von mir]

Das Zitat aus dem Interview wird das Gespräch wieder auf jene Unfähigkeit meiner Vorstellungskraft lenken, an der wohl auch Barenboim leidet – oder an einer Variante derselben.

Ich werde U. von meinen Überlegungen und Recherchen berichten:

25 *Interview mit Daniel Barenboim, Die Zeit,* 28. November 2013.

– Daß mit unserem Unbehagen am Kapitalismus häufig die Sehnsucht einhergeht, den von Lacan so genannten Ritualwerten ihren Platz zurückzugeben.

– Daß wir diese Sehnsucht mit den Nazis teilen.

– Daß der Holocaust als Versuch der massenindustriellen Produktion von Ritualwert aufgefaßt werden kann.

– Daß aber offenbar auch bei uns Nachgeborenen (oder bei vielen von uns) das Bedürfnis existiert, an jenem von den Nazis produzierten Ritualwert teilzuhaben.

– Und daß an der Quelle jener Unfähigkeit meiner Vorstellungskraft *eben dieses Bedürfnis vieler Nachgeborener* steht: Ich bin unfähig, mir Juden als Verbrecher vorzustellen, oder unwillig, weil ich, indem ich die jüdischen Holocaustopfer als rein und unschuldig imaginiere (und diese Reinheit auf »Juden und Israelis allgemein« übertrage), sie nachträglich im rituellen Sinn noch einmal zu Opfern weihe, um so an dem von den Nazis produzierten Ritualwert teilzuhaben.

– Ich werde es aber auch anders sagen können: Daß ich, so wie der Theologe Ignaz Maybaum (noch einer, der an jener Unfähigkeit der Vorstellungskraft gelitten hat), es nicht ertragen würde, wenn das größte Verbrechen der Menschheitsgeschichte ein *sinnloses* gewesen sein sollte. Vielleicht ist sinnlos bloß ein anderer Name für wertlos – im Sinne der Ritualwerte.

Aber es stimmt nicht, wird U. entgegnen, daß rituelle Opfer *in jedem Fall* unschuldig und gut sein oder erscheinen müssen. Nicht nur wegen der Absurdität des Gedankens, die Nazis hätten die von ihnen vernichteten Juden – und sei es auf der Ebene unbewußter Phantasien – als rein und unschuldig imaginiert. Gegen »Unschuld« als unbedingt notwendiges Merkmal des Objekts des rituellen Opfers sprechen auch historische Befunde. Im alten Rom waren Kultopfer und Rechtsprechung verknüpft: Betrüger, Verbrecher und Meineidige wurden häufig den Göttern geopfert. Und die Azteken opferten ihrem Kriegs- und Sonnengott Kriegsgefangene, also verhaßte Feinde. Um die Würde des Opfers zu erlangen, mußte der Todgeweihte allerdings – ob schuldig oder nicht – erst geweiht, also rituell gereinigt werden. Bevor ihnen der Priester die Brust aufschneiden und das Herz herausreißen durfte, wurde der Körper der Opfer für den aztekischen Kriegsgott mit der Opferfarbe Grau bestrichen.

Ich kenne U. und werde auf seinen Einwand vorbereitet sein. Hier müssen wir differenzieren, werde ich sagen, »rein« im Sinne von »kultisch rein« und »geweiht«, muß tatsächlich nicht immer mit »unschuldig« oder »gut« identisch sein, wie es im Mythos vom Opfertod Christi der Fall ist – und, einem spontanen Einfall folgend, fortfahren: Ich habe mich immer gefragt, warum Neonazis und ihre Verwandten im Geist den Holocaust immer nur leugnen, statt ihn zu begrüßen. Könnte es sein, daß der Holocaustleugner einem *Mißverständnis seines Unbewußten* unterliegt? Denn der unbewußte Subtext seiner Aussage: »Der *Holocaust* kann nicht wahr gewesen sein« könnte lauten: »Der Holocaust kann *als Opferritual* nicht wahr gewesen sein«, weil nämlich Juden niemals »rein«, »gut«, »unschuldig« sein können. Und daher keine geeigneten rituellen Opfer.

Ali Khamenei, der Führer der Islamischen Republik Iran, der auf seiner offiziellen Website den Holocaust als »fiktives Ereignis« (»fictitious event«) bezeichnet, nannte in einer Ansprache vor Angehörigen der Basij-Milizen im November 2013 Israel einen *unreinen tollwütigen Hund*. Juden wie Hunde gelten im schiitischen Islam als *najes*: (kultisch) unrein. Und *najes*, der Begriff, den Khamenei für Israel verwendete, verweist unmißverständlich auf die religiöse Dimension seiner Aussage und straft die Behauptung Lügen, die Islamische Republik kenne keine Feindschaft gegen Juden, sie sei bloß »antizionistisch«.

Weiter oben habe ich im Zusammenhang mit der Geschichte der Judenfeindlichkeit im (schiitischen) Islam den Begriff *Tabu-Angst* verwendet. Angesichts von Ali Khameneis Rede von Israel als *unreinen tollwütigen Hund* ist man versucht, eine neue Kategorie einzuführen: *Tabu-Wut*. Eine

Wut, die sich aus der Enttäuschung speist, an jenem herzhaften Mahl, jenem gigantischen Opferritual *nicht* teilhaben zu können, weil es nie stattgehabt haben kann – weil Juden unrein sind, und folglich keine wahren Opfer sein zu können.

Khamenei, wird U. sagen, und die anderen Holocaust-Leugner unterliegen also demselben *Mißverständnis des Unbewußten*, dem auch du, zusammen mit Barenboim und Maybaum unterliegst. Denn auch dein Unbewußtes geht davon aus, daß das Opfer, um Ritualwert generieren zu können, absolut rein und unschuldig sein muß – daher jene Unfähigkeit deiner Vorstellungskraft.

Auf diese Wendung des Gesprächs werde ich nicht gefaßt sein und U. recht geben müssen. Dann werde ich mich zurücklehnen und darauf warten, wie es U. auch diesmal – wie schon so oft – schaffen würde, meine Gedanken auf die Tagespolitik anzuwenden. Aber U. wird, nach einem Augenblick des Zögerns, das Thema wechseln. Und das Nachdenken über die politischen Konsequenzen meiner Analyse mir und meinen Lesern überlassen.

Warum uns Psychotherapie
nicht weiterhilft
Plädoyer für Psychoanalyse

Beginnen wir mit einer fiktiven Geschichte. Eine junge Archi-
tektin, verheiratet, erfolgreich, Mutter einer Tochter, begibt
sich in psychiatrische Behandlung. Sie leidet an Panikattacken. Ihr Psychiater beginnt eine medikamentöse Therapie,
die nach eineinhalb Jahren unterbrochen wird, da die Patientin aus beruflichen Gründen ins Ausland geht.

Zwei Jahre später kehrt die Patientin in ihren Heimatort
zurück und meldet sich wieder bei ihrem – ehemaligen – Psychiater. An Panikattacken leide sie nicht mehr. Nun aber
habe sie den Wunsch sich in Psychoanalyse zu begeben – ihr
»alter« Psychiater arbeitet auch als Psychoanalytiker. Sie
durchlebe gerade eine »Partnerkrise«, gleichzeitig mit einer
»beruflichen Identitätskrise«. Unser Psychiater weist auf
den Konflikt zwischen seiner früheren Rolle als Arzt und seiner Rolle als Analytiker hin – willigt aber ein, die Patientin
in Analyse zu nehmen.

Bald fällt auf, daß die Analysandin immer zu spät zu den
Sitzungen kommt. Diese beginnen zwanzig, dreißig, sogar
vierzig Minuten zu spät. Das scheint umso erstaunlicher, als
die Patientin während der psychiatrischen Behandlung stets
pünktlich gewesen war.

Die Versuche des Analytikers, das Problem, das eine Fort-
setzung der Analyse ernsthaft gefährdet, auch nur zu benennen, scheitern am Widerstand der Patientin.

Sie kenne ihr »Zeitproblem«, das ihre Freundinnen regelmäßig zur Weißglut bringe, habe es in einer früheren Therapie – einer Gesprächstherapie – »analysiert« und wolle
sich nicht mehr damit konfrontieren. Für sie sei ihr Unpünktlichsein ein Stück Freiheit, das sie sich nicht nehmen lasse, sie
sei bereit, den Preis dafür zu bezahlen – und basta.

Unser Analytiker sei Teilnehmer einer Intervisionsgruppe, wo er die Möglichkeit hat, mit Kolleginnen und Kollegen Fälle zu besprechen. In dieser Gruppe wird ihm klar, wie sehr das »Zeitproblem« der Analysandin auch *für ihn* ein Problem ist: Nicht zuletzt, indem es *seine Arbeit* stört – und dies in einem spezifischen Sinn.

Anders als in der herkömmlichen Rollenverteilung zwischen einem Produzenten (sagen wir einem Tischler) und seinem Kunden ist der Analysand nicht bloß Kunde und Konsument eines vom Psychoanalytiker (als Produzenten) produzierten Ware. Das »Produkt« der psychoanalytischen Behandlung sollte ja eine wie immer geartete *Veränderung* »*im*« *Analysanden/Patienten* sein. So gesehen, ist der Analysand nicht bloß Kunde, sondern zugleich Arbeits*gegenstand* (das würde dem Holz des Tischlers entsprechen). Und weil in der Psychoanalyse das Reden das Arbeits*mittel* darstellt, und es in der Regel der Analysand ist, der den Großteil der Rede-Arbeit leistet, ist der Analysand auch das Arbeits*mittel* (vergleichbar der Kreissäge des Tischlers). Vor allem aber ist der Analysand ein – sich selbst bearbeitender – *Arbeiter* bzw. *Produzent* – also Tischler und Kunde zugleich.

Und was macht der Analytiker?

Die Psychoanalyse, so ein dem Psychoanalytiker Jaques Allain Miller zugeschriebenes Bonmot, sei besser als der Kapitalismus. Denn während der Kapitalist dem Arbeiter immerhin einen Lohn zahle, lasse der Psychoanalytiker die Analysanden arbeiten, und *bekomme* dafür auch noch bezahlt ...

Aber ich greife vor: Die Diskussion unserer Intervisionsgruppe über das Zeitproblem der Analysandin dreht sich bald um einen psychoanalytischen Grundbegriff: Die *Übertragung*.

Die Gruppe hat seit kurzem ein neues Mitglied: Eine Soziologin – oder Politologin? Oder Philosophin? So genau weiß das die Gruppe nicht. Und keiner traut sich zu fragen. Die Neue scheint unnahbar.

Die Neue *arbeitet* nicht als Psychoanalytikerin. Dafür scheint sie, wie die Gruppe bald und mit gemischten Gefühlen feststellen muß, alles über die *Theorie* der Psychoanalyse zu wissen. Wir nennen sie die Theoretikerin.

Die Diskussion dreht sich also um den Begriff *Übertragung*. Darüber, *daß* es sich beim Zeitproblem der Analysandin um Übertragung handelt, scheinen sich alle einig zu sein. Dann stellt die Theoretikerin eine simple Frage: *Was ist – Übertragung?*

Übertragung, so die zunächst zögerliche Antwort der Gruppe, bezeichne jene Gefühlsreaktionen des Analysanden auf die Analytikerin, die eine Neuauflage früherer Erfahrungen darstellten. Dabei übertrage der Patient Beziehungsmuster aus der Kindheit auf die Beziehung zur Analytikerin – und wiederhole sie somit. Ähnlich wie er jene Reaktionen und Muster auch auf andere zwischenmenschliche Situationen übertrage, und sich so immer wieder im gleichen – in der Regel schlechten – Film wiederfinde.

Indem der Patient diesen schlechten Film nun auch in der Beziehung zur Analytikerin spiele, habe er die Chance auf eine *korrektive Erfahrung.*

Das alles hat, genaugenommen, nicht die Runde gesagt, sondern ein Analytiker, den wir *den Lösungsorientierten* nennen wollen. Nun stellt die Theoretikerin eine weitere Frage: *Und – wo bleibt das Unbewußte?*

Sie habe in den Aussagen des Lösungsorientierten das Wesentlichste – eben das Unbewußte – vermißt. Und sie beginnt, ohne die Reaktion des Lösungsorientierten abzuwarten, von einer Analysandin zu berichten (nennen wir sie Analysandin B – und unsere Analysandin mit dem »Zeitproblem« Analysandin A), die den starken, für sie selbst und ihren Analytiker unverständlichen Impuls verspürte, die Analyse vorzeitig abzubrechen. Der Impuls schien umso unverständlicher, als sich die Analysandin gerade in einem schwierigen Trennungsprozeß von ihrem Lebensgefährten befand. Ein Prozeß, der sie verwirrte und viele Fragen aufwarf, zu deren Klärung die Analyse doch hätte beitragen können.

Es stellte sich aber heraus, daß genau jener Trennungsprozeß von ihrem Lebensgefährten den Impuls, die Analyse zu beenden, ausgelöst hatte. Hätte Analysandin B die Analyse tatsächlich abgebrochen, wäre diesem Abbruch der Charakter einer *Ersatzhandlung* zugekommen: Statt den Ausstieg aus einer unglücklichen Beziehung zu wagen, aus der sie sich nicht und nicht zu lösen vermochte, hätte sie »mit dem Analytiker Schluß gemacht«.

»Wir haben es hier«, sagt die Theoretikerin, »mit dem typischen Fall einer Übertragung zu tun – einer, wie Freud sagen würde, *falschen Verknüpfung* zwischen den Schauplätzen *Analyse* und *unglückliche Partnerbeziehung.*« Wobei die unglückliche und ambivalente Partnerbeziehung ihrerseits wiederum als Ergebnis der Übertragung der unglücklichen und ambivalenten Vater-Beziehung der Analysandin aufgefaßt werden müsse.

Wesentlich an der Übertragung, so die Theoretikerin, seien also weder »Beziehungsmuster« noch Gefühle. Diese würden im Fall des skizzierten Übertragungsgeschehens überhaupt keine Rolle spielen.

Hier unterbricht der von uns »der Lösungsorientierte« genannte Analytiker die Theoretikerin. Gerade der geschilderte Fall, von dem er nicht wisse, aus welchem Kontext er stamme, aber das möge jetzt dahingestellt sein, zeige – im Gegenteil – daß es in der Übertragung »sehr wohl und sehr zentral« um Gefühle und um Beziehung ginge. Habe doch die in Frage stehende Analysandin B jene *Trennungsaggression*, die sie ihrem Lebensgefährten nicht zumuten konnte, auf die Beziehung zu ihrem Analytiker übertragen.

»Mitnichten«, sagt die Theoretikerin. Die Haltung der Analysandin dem Analytiker gegenüber könne durchgehend als »milde Idealisierung« beschrieben werden. Und diese milde Idealisierung habe sich weder während noch nach der Aufklärung der unbewußten Hintergründe ihres Impulses, die Analyse abzubrechen, verändert. Gegenüber der Person des Analytikers habe die Analysandin keine Sekunde lang so etwas wie Aggression verspürt.

Und auch wenn Beziehungsmuster und Gefühle in anderen Übertragungssituationen eine andere und größere Rolle spielen sollten als im Fall der Analysandin B, seien Gefühle und Beziehungsmuster für die Übertragung eben nicht das Wesentliche. Der Psychoanalytiker sollte sie als *Symptome* auffassen, und sich an die Aufklärung ihrer unbewußten Determinanten machen.

Was für den »Analyse-Abbruch-Impuls« der Analysandin B gelte – gelte natürlich auch für das »Zeitproblem« der Analysandin A. Wenn diese meine, sie kenne ihr »Zeitproblem«, das ihre Freundinnen zur Weißglut bringe, ihr Unpünktlichsein sei ein Stück Freiheit etc., gebe sie sich der Illusion hin, ihr Verhalten sei selbstgewählt. Und – es handle sich, wenn sie zur Analyse oder zum Kaffeekränzchen zu spät komme – um eine *bewußte Entscheidung*. Damit verleugne sie den *Symptomcharakter* ihres Verhaltens, dessen Abhängigkeit von Faktoren, die ihr selbst nicht bewußt sind.

Indem sie ihr Zuspätkommen zum Kaffeekränzchen mit dem Zuspätkommen zur Analysestunde verknüpfe – vertrete Analysandin A zwar eine Art *Übertragungskonzept*. Aber ein Übertragungskonzept, das über den Bereich bewußter Vorstellungen und Entscheidungen nicht hinausgehe.

Analysandin A, so die Theoretikerin, und der von uns »der Lösungsorientierte« genannte Analytiker würden somit genau den selben Fehler begehen.

Hier sollten wir aber innehalten und uns fragen, woher wir und die Theoretikerin und der Rest der Runde überhaupt wissen, daß es sich beim »Zeitproblem« unserer Analysandin um Übertragung handelt.

Folgt man der Rede Freuds von der *falschen Verknüpfung*, bedeutet Übertragung die Übertragung einer – unbewußten – Vorstellung von einem ursprünglichen, »richtigen« Ort auf einen neuen, »falschen«.[1] Klassischerweise von der Ursprungsfamilie auf die analytische Behandlungssituation. Als

---

1 Dies entspricht übrigens einer möglichen Definition von *Metapher*, dem Substantiv zu μεταφέρειν (metaphérein): *übertragen*.

»falsch« gilt diese Verknüpfung deshalb, weil Eigenschaften, die zu einem ursprünglichen, »richtigen« Ort oder Objekt gehören, fälschlich mit einem anderen, neuen Ort oder Objekt verknüpft werden. Der Analytiker wird nicht in der Weise wahrgenommen, »wie er wirklich ist«, sondern die Analysandin verknüpft mit ihm – unbewußt – Vorstellungen, die sie ursprünglich mit Mutter, Vater, Schwester etc. verknüpfte.

Weiter oben haben wir gesehen, daß das »Zeitproblem« der Analysandin A, insofern es *seine Arbeit stört*, auch das Problem ihres Analytikers ist. Psychoanalyse ist als Ort der Behandlung zugleich Arbeitsplatz: Für den Analytiker, und gewiss auch für die Analysandin. Wie wir sehen werden, könnte sich der Ansatz der *Psychoanalyse als Arbeit* bei unseren Überlegungen zur Übertragung und der Frage, ob es sich beim Zeitproblem der Analysandin um Übertragung handelt, als fruchtbar erweisen.

Daß es so etwas wie Übertragung von der Familie auf den Arbeitsplatz gibt, gehört heute zu jenen psychoanalytischen Gemeinplätzen, derer wir uns im Alltagsleben bedienen, um uns über die – vermeintliche oder tatsächliche – Psychopathologie desselben zu verständigen: »Ich habe einen Vaterkomplex. Der läßt mich immer wieder mit meinem Chef zusammenkrachen.«

Die Figur des autoritär-patriarchalen, psychoanalytisch gesprochen ödipalen Chefs gehört allerdings der Vergangenheit an. Der typische, »postmoderne« Chef von heute ist nicht die erhabene Vaterfigur an der Spitze der Firmenhierarchie, nicht einmal der große Bruder, sondern jemand wie der von Slavoj Žižek als *Small Brother* bezeichnete Bill Gates. Der nette Kumpel von nebenan, mit dem man, oder auch frau, gern auf ein Bier geht. Und über den man sich, ob seiner Nettigkeit, Kumpelhaftigkeit, Lässigkeit und nicht-autoritären Haltung nicht einmal ärgern darf, geschweige denn, daß man mit ihm zusammenkrachen würde. Es sei denn im Rahmen eines Seminars zur Pflege von »Konfliktkultur«.

Was wir über die Nettigkeit, Kumpelhaftigkeit und die nicht-autoritäre Haltung eines Chefs, über den man sich nicht einmal ärgern darf, gesagt haben, ist ein Zitat. So oder ähnlich hat einmal Analysandin A ihren neuen Chef in der Analyse beschrieben – um ihn mit ihrem ehemaligen Chef zu vergleichen: »Mein alter Chef hatte einen konventionellen, ein wenig autoritären, aber nicht wirklich strengen Führungsstil.« Dann wird ihr etwas klar: Daß sie während der *psychiatrischen* Behandlung genauso viel Zeitdisziplin an den Tag gelegt hatte, wie unter ihrem alten Chef. Unter dem neuen Chef sei sie hingegen *genauso unpünktlich wie in der Analyse.*

Zwar gäbe es unter dem Neuen ohnehin keine fixen Arbeitszeiten, sie komme ins Büro (die Analysandin arbeitet in einem Büro für Landschaftsarchitektur) und verlasse es, wann immer sie wolle. Zu den gelegentlich stattfindenden Projektbesprechungen erscheine sie aber fast immer, und oft massiv, zu spät.

In der folgenden Sitzung sagt sie, sie könne sich nicht erinnern, je zu spät zur Schule gekommen zu sein. Ihre Klarinetenlehrerin habe aber unter ihrer Unpünktlichkeit so sehr gelitten, daß ihr Vater sie fallweise zum Klarinettenunterricht begleiten mußte. Es sei ja übrigens auch ihr Vater gewesen, ein leidenschaftlicher Musikliebhaber, der die Idee gehabt hätte, die damals Achtjährige zum Klarinettenunterricht zu schicken. Sie korrigiert sich: »Nein, das Klarinettenspielen war mein eigener Wunsch – oder?« So genau wisse sie das nicht mehr. Und dann: »Ich habe seit jeher das Gefühl, daß ich das, was mein Vater von mir will, nicht nur *befolgen*, sondern auch *mögen*, ja *wünschen muß.*«

»Der Wunsch Ihres Vaters«, sagt der Analytiker, »soll Ihnen nicht nur Befehl – er soll auch *Ihr* Wunsch sein.«

Verlassen wir an dieser Stelle den Schauplatz der Analyse, und kehren zur Intervisionsgruppe zurück, die sich nun, vier Wochen später, wieder trifft. Am Wort ist der Lösungsorientierte. Er meint, daß die Unpünktlichkeit der Analysandin im

Klarinettenunterricht, unter dem neuen Chef und in der Analyse einer » klassischen Übertragungsreaktion « entspreche. Die Analysandin behandle den Analytiker genauso wie ihren neuen Chef und die Klarinetten-Lehrerin. Ihre Unpünktlichkeit drücke in allen drei Fällen ihre ambivalente Vater-Beziehung aus.

Indem nun die Analysandin auch in der Analyse die Unpünktliche » spiele «, habe sie die Chance auf eine *korrektive Erfahrung* – und könne so ihre Unpünktlichkeit überwinden.

» Darum, daß die Analysandin ihre Unpünktlichkeit überwindet, geht es vielleicht gar nicht «, kontert die Theoretikerin, » Sie denken *lösungsorientiert*, nicht analytisch. Wir sollten uns, noch bevor wir nach Lösungen suchen, fragen, ob wir wissen, oder wissen *wollen*, was überhaupt das Problem ist. Vergessen wir nicht: Das Zeitproblem zeigt sich nicht in *allen* Situationen, in denen die Analysandin mit sogenannten Vater-Figuren konfrontiert ist. Wir müssen also nach den *spezifischen Bedingungen* suchen, die das Problem auslösen.«

Bevor wir die Theoretikerin weitersprechen lassen, sollten wir erwähnen, daß der Analytiker zuvor von der Partnerkrise der Analysandin berichtet hat, jenes andere Problem, das sie veranlaßt hatte, in Analyse zu gehen.

Ihr » eheliches Sexualleben «, so die Analysandin, sei » halbwegs o. k.« gewesen, bis sich ihr Mann ihren Wunsch nach mehr sexueller Experimentierfreude zu eigen gemacht hätte – oder umgekehrt, sie seinen? Das wisse sie nicht mehr. Seither hätten sie jedenfalls *Kreativsex*. Am erregendsten fänden beide die Phantasie, daß sie mit einem anderen Mann Sex hätte. Aber seit sie » Kreativsex « habe, sei sie wie blockiert. Jedesmal, wenn sie mit ihrem Mann schlafen wolle, bekomme sie Kopfschmerzen oder Brechreiz oder habe auf einmal keine Lust.

Behalten wir das im Gedächtnis. Und lassen wir die Theoretikerin weiterreden: » Wenn die Analysandin sagt, sie habe das Gefühl, daß sie das, was ihr Vater von ihr wolle, nicht nur *befolgen* sondern auch *wünschen müsse*, artikuliert sie ein typisches Gebot der Gegenwartskultur, ›Wo Befehl ist, soll Wunsch werden‹. Ein Gebot, das uns am auffälligsten in der Arbeitswelt begegnet. Es genügt heute bei weitem nicht mehr, einfach nur ›seinen Job zu erledigen‹ – es geht um ›mehr‹. In Bewerbungsgesprächen etwa fragt man uns nicht mehr bloß nach unserer Qualifikation – Bewerbungsgespräche sind heute eine Art ›Seelenbeschau‹: gefragt sind Motivation, soziale Kompetenz, emotionale Intelligenz, Teamfähigkeit, Verantwortungsgefühl, Kommunikationsfähigkeit. Vor allem sind wir aber aufgefordert, uns mit ›unserer‹ Arbeit zu *identifizieren.* Als verkauften wir nicht nur unsere Arbeitskraft, sondern unsere Seele.

Identifizieren heißt ›gleichmachen‹. Früher gingen wir in einer mehr oder weniger festgesetzten Zeit unserer Arbeitspflicht nach, um danach *frei zu haben* – heute machen wir uns mit der Arbeit gleich, *sind* also die Arbeit, und niemals frei von der Arbeit.

Das mag übertrieben erscheinen. Aber ähnelt die Situation eines Menschen, der sich heute um einen Job bewirbt und dessen Lebenslauf sich wie eine einzige Vorbereitung auf *diesen einen* Job liest, nicht der eines Liebenden, der das Gefühl hat, *sein Leben bisher* sei nichts als ein *Vorspiel* zu dieser einen großen Liebe gewesen?«

Und so wie – um die Theoretikerin zu unterbrechen – der einen, großen Liebe andere folgen mögen, so könnte auch unser Bewerber den Job, sollte er ihn antreten, bald wieder verlieren. Weil er eingespart werden muß. Tatsächlich scheint zwischen der Arbeitsplatzsicherheit und dem Gebot, sich mit Herz und Seele an die Arbeit zu binden, ein umgekehrtes Verhältnis zu herrschen.

Zurück zur Theoretikerin: »Unser Lebenslauf wird aber nicht von uns allein geschrieben. Er trägt immer auch die Schriftzüge unserer Eltern, Geschwister, Vorfahren, die sich ihm aber nicht bloß als einzelne Charaktere einschreiben, sondern auch als Repräsentanten der Gesellschaft. Einer Gesellschaft, die uns heute nicht mehr bloß das *Funktionieren* gebietet, sondern das *Identifizieren* mit ihren Anforderungen. Anforderungen, die auch in Bereichen jenseits der Arbeit – Familie, Partnerschaft, Sexualität, Freizeit – den *Leistungs*anforderungen der Arbeit nachempfunden und daher geeignet sind, uns auf die Sphäre der Arbeit vorzubereiten. Unsere gesamte Lebenszeit *vor* der Arbeit soll eine einzige Vorbereitung auf (diese eine) Arbeit sein. Und unsere Lebenszeit *neben* der Arbeit, die Freizeit, der Wiederherstellung jener Arbeitskraft dienen, die wir sind.

Vor diesem Hintergrund sollten wir unser Augenmerk hier nicht auf die Übertragung *von der Familie auf den Arbeitsplatz* richten, auf die Übertragung der Vater-Beziehung der Patientin auf alten oder den neuen Chef, sondern umgekehrt die Familie als eine Sphäre betrachten, *die uns auf die Arbeit vorbereitet*, als einen Ort, an dem Beziehungen vorherrschen, die »von Haus aus« nach dem Vorbild der Arbeit gestaltet sind – in gewissem Sinn auf die *Übertragung von der Arbeit auf die Familie.*

Familie dient ja nicht bloß der Reproduktion, sondern auch der Produktion von Arbeitskraft, und nicht bloß im Sinne der Fortpflanzung und der Erziehung von Arbeitskräften. Die Familie produziert heute Arbeitskräfte, die sich mit jenen Anforderungen, die den Leistungsanforderungen der *Arbeit* nachempfunden sind, *identifizieren* sollen. Den Fall unserer Analysandin halte ich in dieser Hinsicht für paradigmatisch. *Wo Befehl war, soll Wunsch werden:* Diese Formel bezeichnet ein Problem unserer Zeit, Und das Problem, das unsere Analysandin *mit* der Zeit hat, resultiert aus ihm.

Jenes Zeitproblem tritt ja überall dort auf, wo ein *Kurzschluß zwischen Wunsch und Befehl* stattfindet. Sie weiß nicht, ob sie dem Befehl des Vaters entsprach, als sie Klarinette lernte, oder ob es doch ihr eigener Wunsch war. Jedenfalls scheint es zu einer *Verschränkung* von Wunsch und Befehl gekommen zu sein, aus der jene extreme Unpünktlichkeit im Klarinettenunterricht resultiert haben muß. Im Kontrast zu ihrer Pünktlichkeit in der Schule.«

Die Schule, hat der Analytiker am Beginn der Gruppensitzung berichtet, habe die Analysandin nur mäßig interessiert, »nicht leidenschaftlich«.

»In der Schule«, sagt die Theoretikerin, »gab es genügend Distanz zwischen den ›Befehlen‹ (den schulischen Anforderungen) und den Wünschen der Analysandin. Ihr Begehren blieb vom Unterricht unberührt. Sie konnte funktionieren. Auf den Klarinettenunterricht hingegen scheint ihr Unbewußtes mit einem radikalen *Verweigerungsimpuls* reagiert zu haben. Als wäre sie am liebsten gar nicht hingegangen. Und als sei die Unpünktlichkeit ein *Kompromiß zwischen Wunsch und Wunsch*: Zwischen dem Wunsch, sich mit dem Befehl des Vaters zu identifizieren, und jenem, diese ›feindliche Übernahme‹ des Wunsches durch den Befehl des Vaters zu sabotieren.

Die Situation unter dem neuen Chef ähnelt dem Klarinettenunterricht. Hier scheinen die Verhältnisse aber eindeutiger zu sein. Offenbar hat sich in diesem Fall der ›Befehl‹ (des neuen Chefs) dem Wunsch (der Analysandin) untergeordnet und nicht umgekehrt.«

Unter dem neuen Chef, auch das hat der Analytiker zu Beginn der Gruppensitzung berichtet, hat die Analysandin, was sie schon immer gewünscht hatte: Der neue Chef will – wir könnten auch sagen »befiehlt« –, daß sie bei der Planung und Durchführung von Projekten *ihre eigene Kreativität* einbringen soll.

»Der Verweigerungsimpuls tritt aber offenbar auch dort auf, wo jemand, wie hier der neue Chef, umgekehrt auf ihre Wünsche eingeht, wo *ihr* Wunsch *zum Befehl wird*. Ob sich der Befehl dem Wunsch oder der Wunsch dem Befehl unterordnet, scheint also keine Rolle zu spielen. Offenbar wird der Verweigerungsimpuls, und mit ihm das Zeitproblem, immer dort ausgelöst, wo Wunsch und Befehl aneinandergeraten. Wo die Distanz zwischen dem Befehl ›dort draußen‹ und dem Wunsch ›da drinnen‹ nicht mehr existiert.

Was für die Gegensatzpaare: Schulunterricht/Klarinettenunterricht und alter Chef/neuer Chef gilt, gilt analog für das Auftreten des Zeitproblems in der psychoanalytischen und dessen Nicht-Auftreten in der psychiatrischen Behandlung.

Im Fall des Zuspätkommens in der Analyse gibt es aber eine zusätzliche Dimension. Wir haben den Wunsch der Patientin, sich in Analyse zu begeben – aber wo ist der Befehl? Das massive Zuspätkommen in der Analyse könnte darauf hinweisen, daß *jeder* Wunsch, sobald er Wirklichkeit wird, mit den Strukturen der Wirklichkeit in Kontakt kommt, den Verweigerungsimpuls und das Zeitproblem auslöst. Das trifft auch auf den sogenannten Kreativsex zu. Zwar scheint die Analysandin beim Kreativsex kein Zeitproblem zu haben ...«

»Da muß ich widersprechen«, sagt der Lösungsorientierte, »die Analysandin hat ein *massives* Zeitproblem beim Kreativsex. Sie kommt nicht unpünktlich – sie kommt überhaupt nicht.«

»Eine treffende Formulierung«, sagt die Theoretikerin nach Abklingen des allgemeinen Gelächters, »Hier ist die Verweigerung kompromißlos. Sie kommt überhaupt nicht. Warum? Weil ihr Mann ihr die Verwirklichung ihrer ureigensten sexuellen Phantasien ermöglichen will. Der ›Normalsex‹ war nicht die Offenbarung. Aber, so absurd das klingen mag, die Analysandin lief dabei nicht Gefahr, ihre Wünsche zu verwirklichen – und die Distanz zwischen den sexuellen Normen ›dort draußen‹ und den Wünschen ›da drinnen‹ zu verlieren.

In einer vom Leistungsprinzip beherrschten Welt ist ›jede Wirklichkeit‹ den Anforderungen der Arbeit nachempfunden – und jeder Wunsch, *sobald er Wirklichkeit wird*, jenen Anforderungen ausgeliefert. Der Verweigerungsimpuls, den die Verwirklichung ihrer Wünsche bei der Analysandin auslöst, ist folgerichtig.

Für das Zeitproblem in der *Analyse* gilt das in einem noch spezifischeren Sinn: Die Psychoanalyse ist nicht bloß ein Segment der gesellschaftlichen Wirklichkeit, das – indem sie die

Wiederherstellung der Arbeitskraft zum Ziel hat – der Arbeit *zuarbeitet*. Psychoanalyse *ist* Arbeit. Und weil Psychoanalyse Arbeit ist – real, nicht bloß im Sinne der Übertragung – können die Leistungsanforderungen und Identifizierungsgebote, die unsere Gesellschaft beherrschen, am ›Arbeitsplatz Psychoanalyse‹ bei ihrer Entstehung beobachtet und bewußt gemacht werden. Und von wegen Identifizierungsgebot: Auch unser Kollege«, gemeint ist unser Analytiker, »macht nicht einfach nur seinen Job, er ist, wie wir alle, mit seiner Arbeit identifiziert und bezieht daraus Selbstachtung. Daher ist das Zeitproblem der Analysandin auch für ihn ein Problem. Es kränkt ihn.«

»Gut«, sagt der Lösungsorientierte »Danke. Aber was *machen* wir nun mit der Patientin?«

»Falsche Frage«, sagt die Theoretikerin, »daß Sie ›*machen*‹ sagen, zeigt, wie sehr auch Sie, wie wir alle, mit jenen Arbeitsanforderungen identifiziert sind. *Arbeitsanforderung* ist übrigens ein Begriff, den Freud verwendet, um den ›Trieb‹ zu erklären. Aber lassen wir das. Wir sind beim Zeitproblem der Analysandin mit einem *gesellschaftlichen* Problem konfrontiert. Freud hätte gesagt, mit einem Problem der Kultur. Ohne eine kritische Theorie der Gesellschaft, der Arbeit, der Familie – vor allem aber *der gesellschaftlichen Dimension des Unbewußten*, ohne Kulturtheorie und Kulturkritik ist eine Analyse, die diesen Namen verdient, nicht möglich. Weder bei unserer noch bei anderen Analysanden.

Freud, sagt Adorno, sei ›in den innersten psychologischen Zellen auf Gesellschaftliches gestoßen‹[2]. Aber nicht nur die *Psychoanalyse* ist stets mit gesellschaftlichen Problemen konfrontiert, auch die Gesellschaft sollte ihre Probleme mit der Psychoanalyse konfrontieren: Warum es Antisemitismus gibt, wie der Faschismus die Massen dazu bewegt, nicht nur ihre Unterdrückung, sondern auch ihren Untergang zu begehren, warum sie – die Massen – heute Parteien wählen, de-

---

2 Theodor W. Adorno, *Soziologische Schriften I.* In: ders., Gesammelte Schriften, Bd. 8, Frankfurt am Main. 2003, S. 88.

ren Politik ihren Interessen diametral entgegengesetzt ist, und warum wir uns umso mehr ausbeuten lassen, je mehr wir mit unserer Arbeit identifiziert sind – diese und andere gesellschaftliche Rätsel, lassen sich ohne Psychoanalyse nicht lösen.

Dem Prozeß der Psychoanalyse *als solchem* ist es um Gesellschaft zu tun. Nicht nur um die gesellschaftliche Dimension des Unbewußten, sondern auch um die *unbewußte Dimension der Gesellschaft*, ohne deren Berücksichtigung gesellschaftliche Emanzipation zum Scheitern verurteilt ist – oder in Katastrophen mündet. So geschehen im zwanzigsten Jahrhundert.

Die Psychoanalyse von der wir reden, ist nicht die real existierende. Die Rede ist von einer Psychoanalyse, die sich nicht bloß auf ihre kulturkritische Tradition – als auf einen von der Klinik getrennten Teilaspekt – besinnt, sondern dem Analysanden und seinem Unbewußten *in der analytischen Behandlung* nicht therapeutisch begegnet – sondern kulturkritisch.«

Warum die Vergangenheit nicht vergeht

Ein vor kurzem aus Teheran nach Wien emigrierter Freund – nennen wir ihn Kave – schloß einen Bericht über seine erste Begegnung mit dem Rassismus in Österreich mit den Worten: *Dass es so etwas noch gibt – dabei schreiben wir doch schon 2015!* Ich mußte an eine Szene aus der Verfilmung von Jane Austens *Mansfield Park* denken, in der jemand, ähnlich empört wie mein Freund aus Teheran, ausruft: *Dabei schreiben wir doch schon 1806!* Woraufhin im Kino gelacht wurde.

Wären wir Teheraner nicht überaus höflich und wäre mir der österreichische Rassismus aus eigener Erfahrung nicht allzu bekannt – ich hätte über das *Doch-schon-2015* meines Freundes genauso gelacht wie über das *Doch-schon-1806* im Kino. Das Lachen über das *Doch-schon-1806* hatte sich natürlich auf die Jahreszahl bezogen, wohingegen mein aus Rücksicht unterdrücktes Lachen über Kaves *Doch-schon-2015* mit dem *Doch-schon* zu tun gehabt hätte.

Hätte ich meine Rücksichtnahme beiseite geschoben, hätte ich nicht nur gelacht – ich hätte meinen belesenen und politisch interessierten Freund auch gefragt, wie er nach der iranischen Erfahrung der letzten einhundert Jahre an ein solches *Doch-schon* überhaupt noch glauben könne.

Wenn es ein Land gibt, das geeignet ist, einen an diesem *Doch-schon* – am Gedanken also, es würde auf der Welt von Jahr zu Jahr freier, brüderlicher, gerechter, klüger zugehen – irre werden zu lassen, dann der Iran.

Vor einhundert Jahren erkämpften iranische Kaufleute, Handwerker, Intellektuelle, aber auch Teile des Klerus und der Aristokratie, während der blutigen konstitutionellen Revolution, 1905 bis 1911, ein Parlament und eine demokratische Verfassung nach belgischem Vorbild.

Dabei kämpften und siegten sie gegen die absolut herrschenden *Kajaren*-Kaiser und ihre Verbündeten, das zaristische Russland. Frauen(rechtlerinnen) spielten bei dieser, überwiegend säkularen Revolution eine herausragende Rolle.

Unter der *Pahlevi*-Dynastie (1925 bis 1979), die die Kajaren ablöste, blieb die konstitutionell-demokratische Verfassung in Kraft. De facto waren die Pahlevi-Kaiser aber Diktatoren und ihre Regime repressiver als die zum Teil schwachen Kajaren-Kaiser. Eine Ausnahme bildeten die Jahre 1941 bis 1953, die demokratischste Periode in der Geschichte Irans, an deren Ende ein weiterer revolutionärer Schub stand: Die Bewegung zur Verstaatlichung des iranischen Erdöls, die mit dem Namen des damaligen Premierministers, *Mohammad Mossadegh*, verbunden ist. Mossadegh wurde 1953 gestürzt, danach begann die Diktatur des zweiten und letzten Pahlevi-Kaisers.

1979 kam es zur Islamischen Revolution, die entgegen anderslautender Gerüchte das Prädikat islamisch durchaus zurecht trägt, war sie doch von Anfang islamisch geprägt. Dennoch zielte die Mehrheit der Revolutionäre auf eine gerechtere und freie Gesellschaft. Was herauskam, ist bekannt. Nicht genug, daß die iranische Gesellschaft nicht freier wurde; daß Freiheiten, die es unter dem letzten Kaiser noch gab, etwa das Recht der Frauen auf Scheidung oder das Sorgerecht für geschiedene Frauen – um nur zwei Beispiele zu nennen – abgeschafft wurden; in der Islamischen Republik erlebten die Iraner(innen) gänzlich neue resp. seit langem unbekannt gewesene Dimensionen der Unfreiheit: Kopftuchzwang, die Todesstrafe für Homosexuelle, Steinigung bei außerehelicher Liebe, die Todesstrafe für den Abfall vom Islam, die Entrechtung hunderttausender Angehöriger religiöser Minderheiten und anderes mehr. Unfreiheiten, die man sich im Iran der 1950er und 1960er Jahre nicht hätte vorstellen können, zum Teil vielleicht nicht einmal zu Beginn des zwanzigsten Jahrhunderts, zur Zeit der konstitutionellen Revolution.

Hier liegt allerdings eine doppelte Unvorstellbarkeit vor: Daß ein Ehemann in der Islamischen Republik seine Ehefrau,

die er beim Ehebruch »erwischt«, töten kann, ohne Straf-
verfolgung befürchten zu müssen, neunjährige Mädchen hingegen strafmündig sind – das hätte sich vor einhundert Jahren eine Frauenrechtlerin der konstitutionellen Revolution
nicht vorstellen können. Umgekehrt können wir, im Jahre
2015, uns nicht vorstellen, daß es vor einhundert Jahren im
Iran Frauenrechtlerinnen gab. Wie wir uns ohnehin nicht
vorstellen können, daß es in einem Land, in dem sich 1979
eine islamische Revolution ereignete, 1905 bis 1911 eine de-
mokratisch-liberale stattgefunden haben soll.

Revolutionen sind für Marx die Lokomotiven der Weltge-
schichte, die deren Grundtendenz zum Fortschritt – jenes
Doch-schon meines Freundes Kave – noch beschleunigen sollen. Die iranische Erfahrung scheint Marx, und Kave, aber
krass zu widersprechen. Und befindet sich dabei in bester
Gesellschaft: Seit Jahren wird die Rede von der *Revolution als
Lokomotive* fast nur mehr im Zusammenhang mit dem Widerspruch zitiert, die sie beim Literaturkritiker und Philosophen Walter Benjamin erfahren hat:

> »Marx sagt, die Revolutionen sind die Lokomotiven der Welt-
> geschichte. Aber vielleicht ist dem gänzlich anders. Vielleicht
> sind Revolutionen der Griff des in diesem Zuge reisenden Men-
> schengeschlechts nach der Notbremse.«[1]

Anders als für Marx ist für Benjamin Geschichte die Stätte
des Unheils, »eine einzige Katastrophe, die unablässig
Trümmer auf Trümmer häuft«[2], und wenn denn geschicht-
licher Fortschritt für Benjamin überhaupt einen Sinn hat,
dann als ein Fortschreiten der Herrschenden von einem Sieg
zum nächsten. So gesehen sollten uns Revolutionen nicht die
Befreiung *in* der Geschichte bescheren, sondern die Erlösung *von* ihr.

Wird diese Geschichtstheorie Benjamins der iranischen

---

1 Walter Benjamin, Gesammelte Schriften, Bd I.3, Frankfurt am Main
1991, S. 1232.
2 Walter Benjamin, *Über den Begriff der Geschichte*. In: ders., Gesammelte
Schriften, Bd I.2, Frankfurt am Main 1991, S. 697.

Erfahrung gerechter als jene von Marx und meines Freundes Kave? Was Marx' Geschichtsoptimismus – und Kaves *Doch-schon* – betrifft bzw. Benjamins radikalen Pessimismus, scheint dies der Fall zu sein. Was vor einhundert Jahren so hoffnungsvoll begann, mit einem für ein islamisches Land des Jahres 1905 *unmöglichen* demokratischen Aufbruch, endete mit einem *Im-Grunde-Unmöglichen* anderer Art: Der Islamischen Republik.

Die Rolle der Revolutionen scheint Benjamin aber, zumindest was den Iran anbelangt, ebenso falsch einzuschätzen wie Marx und Kave. In den letzten einhundert Jahren scheint es im Iran nach jeder revolutionären Anstrengung *noch schlimmer* geworden zu sein. Die konstitutionelle Revolution mündete in die Diktatur des ersten, die Bewegung zur Verstaatlichung des Erdöls in die Diktatur des zweiten Pahlevi-Kaisers. Und die islamische Revolution in ein Mörderregime, das uns an das Universum eines perversen Fantasy-Autors erinnert.

Wenn der Zug der Geschichte in den Abgrund führt, wie Benjamin meint, dann haben die Revolutionen im Iran nicht die Notbremse gezogen, sie sind, ganz im Gegenteil, aufs Gas gestiegen. Das drängt sich zumindest im Fall der islamischen Revolution auf.

Aber halt. Wenn es stimmt, daß es im Iran nach jeder revolutionären Anstrengung nur »noch schlimmer« geworden ist, dann müßte die Situation im Iran vor der konstitutionellen Revolution, zu Beginn des zwanzigsten Jahrhunderts also, »viel besser« gewesen sein als heute, im Jahr 36 nach der Islamischen Revolution. Eine schon auf den ersten Blick absurde Vorstellung. In den letzten einhundert Jahren haben sich im Iran Faktoren wie Einkommen, Gesundheit, Bildung, Lebenserwartung, soziale Sicherheit etc. drastisch – und (da von einem tieferen Ausgangsniveau aus startend) auch stärker verbessert als in Europa oder den USA. Vor einigen Jahren haben US-Experten das iranische Gesundheitssystem, speziell die sogenannten »Gesundheitshäuser« in entlegenen ländlichen Regionen, den Zuständigen in den

US-amerikanischen Südstaaten sogar zur Nachahmung empfohlen[3].

Auch die oben kritisierte Situation der iranischen Frauen hat sich – Islamische Republik hin oder her – verglichen mit der Zeit um 1900 in vielerlei Hinsicht drastisch verbessert: 60 % (!) der vier Millionen Studenten im Iran, ein Viertel des akademischen Personals und immerhin 8 % der Parlamentsabgeordneten sind weiblich. Ein Drittel aller Frauen ist berufstätig (Stand 2012)[4].

Wie im Iran begann das zwanzigste Jahrhundert für Millionen von Menschen in Europa und Amerika, und nicht nur dort, mit großen Hoffnungen auf umfassende gesellschaftliche Emanzipation – Stichwort Oktoberrevolution. Heute, im Rückblick, erscheint uns das zwanzigste Jahrhundert aber eher als ein Jahrhundert der Katastrophen und der Barbarei als eines der gesellschaftlichen und politischen Emanzipation.

Dennoch: Zu Beginn des 21. Jahrhunderts erfreuen sich die Menschen in Amerika und Europa ohne Zweifel einer ungleich besseren Lebensqualität und eines weit besseren Lebensstandards als dies um 1900 der Fall war. Für jenes *Doch-schon* – für den Geschichtsoptimismus meines Freundes – scheint es also doch gute Argumente zu geben. Wie lassen sich aber all diese Fortschritte im Iran wie auch anderswo mit jenem *Noch-schlimmer* zusammendenken, mit dem Befund, daß im Iran wie auch anderswo nach revolutionären und emanzipatorischen Anstrengung alles meist »noch schlimmer« wurde? Durch das – augenscheinlich falsche – Klischee, Fortschritte habe es bloß in naturwissenschaftlich-technologischer Hinsicht gegeben, gesellschaftspolitisch gäbe es nur Stagnation oder Rückschritte, läßt sich dieser Widerspruch jedenfalls nicht auflösen.

3 http://www.tagesanzeiger.ch/ausland/amerika/Der-Iran-ist-ein-Vorbild- fuer-die-USA/story/11195303.

4 http://www.spiegel.de/unispiegel/studium/universitaeten-im-iran-verbannen-frauen-aus-bestimmten-studiengaengen-a-851705.html sowie http://info.kopp-verlag.de/hintergruende/geostrategie/gerhard-wisnewski/iran-frauenunterdrueckung-fehlanzeige.html.

Aber warum soll uns das alles überhaupt interessieren? Sollten wir solche Überlegungen nicht den Geschichtsphilosophen überlassen – falls es solche noch geben sollte? Oder älteren Damen, die beim Kaffeekränzchen – falls es solche noch geben sollte – von den *guten alten Zeiten* schwärmen, gleichsam das Gegenstück zum Geschichtsoptimismus meines Freundes?

Sollten wir nicht. Heute, hundert Jahre nach Ausbruch des Ersten Weltkriegs, werden wieder grundlegende zivilisatorische Normen über Bord geworfen. In den 1930er Jahren gingen junge Menschen aus aller Welt nach Spanien, um dort gegen die von Mussolini und Hitler unterstützen Faschisten zu kämpfen. Heute gehen junge Menschen aus aller Welt nach Syrien und in den Irak, um in einem Religionskrieg Andersgläubige abzuschlachten und deren Heiligtümer zu zerstören. Als Religionskrieg zwischen »Juden« und »Moslems« nehmen wir auch den Konflikt zwischen Israel und den Palästinensern wahr – längst nicht mehr als Krieg zwischen dem israelischen und dem palästinensischen *Nationalismus*. In Europa hingegen ist die Wiederkehr des Nationalismus nach dem Zerfall der Sowjetunion – im Jugoslawienkrieg der 1990er Jahre sowie im aktuellen Konflikt zwischen der Ukraine und Russland – mit Prozessen des zivilisatorischen Rückschritts verbunden. Jenes Nationalismus, dessen arabische Variante uns heute, angesichts der Konfessionalisierung des Nahostkonflikts, im Rückblick als *fortschrittlich* erscheint.

Vor dem Hintergrund dieser verwirrend-widersprüchlichen Befunde drängt sich die totgesagte Geschichtsphilosophie wieder auf, und stellt Fragen. Zum Beispiel ob wir – wieder einmal – Zeugen einer *Umkehr des Zivilisationsprozesses* sind. So wie es laut unseren Schulbüchern beim Übergang von der Spätantike ins Frühmittelalter der Fall war.

*

In den 1980er Jahren wurden in den Gefängnissen der Islamischen Republik Iran zahlreiche junge Frauen, allesamt politische Gefangene, vor ihrer Exekution vergewaltigt. Die Vergewaltigungen hatten einen *theologischen* Hintergrund. Nach islamischer Überlieferung gelangen Jungfrauen, die sterben, ins Paradies. Die Vergewaltigungen sollten dies verhindern. Um die Vergewaltigungen ihrerseits islamrechtlich zu legitimieren, zwang man die Frauen, knapp vor ihrer Exekution, mit einem ihrer Wächter eine sogenannte Zeitehe einzugehen. In einigen Fällen erhielten die Eltern der Exekutierten das Brautgeld[5].

Die Legitimierung der Vergewaltigungen via Zwangsverehelichung wäre aber vielleicht gar nicht notwendig gewesen. Wie *Ezzat Mossallanejad* ausführt[6], sehe der Koran zwar Strafen für außerehelichen Geschlechtsverkehr vor, nicht jedoch (oder zumindest nicht explizit) für Vergewaltigung. Zugleich gestatte er die sexuelle Versklavung ungläubiger weiblicher Kriegsgefangener[7]. In der Islamischen Republik Iran werden (bestimmte) politische Gefangene als Menschen betrachtet, »die Krieg gegen Gott führen« (*moharabeye ba khoda*). Dieser Logik folgend, könnten, so Mossalanejad, weibliche politische Gefangene als Kriegsbeute angesehen werden, deren »Versklavung« – und ergo Vergewaltigung – im Sinne des Korans legitim sei.

Wie auch immer. Was uns an diesen düsteren Aspekten

5 Siehe   z.B.:   http://news.gooya.com/politics/archives/2009/08/092322.php; http://www.amontazeri.com/farsi/Khaterat/html/1097.htm
Kave Shahrooz, *With Revolutionary Rage and Rancor: A Preliminary Report on the 1988 Massacre of Iran's Political Prisoners,* Harvard Human Rights Journal. 2007, (20 vol), S. 231 und S. 239. – Jaleh Ahmadi, *Political prisoners: Iran and Afghanistan.* In: Suad Joseph (Hrsg.), *Encyclopedia of Women and Islamic Cultures* Volume II, *Family, Law and Politics,* Leiden-Boston 2005, S. 566–567.
6 Ezat Mossallanejad, *Gender, Culture and Identity.* In Haideh Moghissi (Hrsg.), *Muslim Diaspora,* Routledge 2006, S. 75–76.
7 »O Prophet, Wir erlauben dir deine Gattinen, denen du ihre Mitgift gabst und die Sklavinnen [...] von dem, was dir Allah als Beute gab.«
Max Henning, *Der Koran.* Aus dem Arabischen übertragen, Stuttgart 1960, S. 406, Sure 33, Vers 50.

der islamischen Revolution interessieren sollte, ist, daß sie das gängige Argument, die Islamisten, im Iran und anderswo, würden *den Islam bloß benützen*, in Wahrheit ginge es nicht um den Islam, sondern um andere (machtpolitische, ökonomische, »imperialistische« etc.) Zwecke, ad absurdum führen.

Hätten wir es »lediglich« mit Vergewaltigung zu tun, könnten Argumente wie die folgenden vielleicht Anspruch auf Gültigkeit erheben: »Es geht hier um ein machtpolitisches Kalkül, das mit dem Islam nichts zu tun hat.[8] Indem die Machthaber selbst dafür sorgen, daß Informationen über die Vergewaltigungen an die Öffentlichkeit gelangen, festigen sie ihre Machtposition durch die Verbreitung von Angst und Schrecken«, oder: »Die Wächter ›mißbrauchen den Islam‹, um ihre Gelüste zu befriedigen« etc. etc.

Hier geht es aber offensichtlich um die Lösung eines kniffligen theologischen Dilemmas: Wie läßt es sich verhindern, daß Frauen als Jungfrauen sterben, ohne gegen die Gesetze der Religion zu verstoßen? Die für die Vergewaltigungen und Exekutionen Verantwortlichen waren keine (oder nicht bloß) zynische Machtpolitiker, sondern gläubige Moslems. Wären sie nichts als zynische Machtpolitiker gewesen, wäre ihnen die Überlieferung, wonach Jungfrauen nach dem Tod ins Paradies kommen, gleichgültig.

Fiel das Entsetzen meines Freundes Kave in die Kategorie *Noch-immer* (wie kommt es, daß es in einem mitteleuropäischen Land des 21. Jahrhunderts *noch immer* so etwas wie Rassismus gibt), so fällt unser Entsetzen über jene theologisch motivierten Vergewaltigungen (oder über die Verbrechen des Islamischen Staates im Irak und in Syrien) in die Kategorie *Schon-wieder*.

Wenn nicht als völlig »jenseitig« und bizarr, empfinden

8 Von der berechtigten Frage, ob »Islam« und »Machtpolitik« überhaupt ein einander ausschließendes Gegensatzpaar bilden, wollen wir hier absehen. Diese Frage erhebt sich selbstverständlich auch in Zusammenhang mit anderen Religionen, sollte aber nicht pauschal abgehandelt, sondern in jedem einzelnen Fall gesondert untersucht werden.

wir Phänomene wie jene Vergewaltigungen oder den Islamischen Staat als erschreckend *unzeitgemäß*. Als hätte ein verrückter Wissenschaftler Wesen aus einer barbarischen Vorzeit mittels Zeitmaschine in die Jetztzeit gebracht und auf die Menschheit losgelassen. Spontan reagieren wir auf solch erschreckende Anachronismen mit dem Impuls, sie ungeschehen machen zu wollen – indem wir das Unzeitgemäße als *zeitgemäß* zu denken versuchen. Lieber als vom Islam sprechen wir vom Islam*ismus*[9], um zu betonen, daß dieser Islamismus eine moderne, mit dem traditionellen Islam keineswegs identische Ideologie darstelle. Auch Etikettierungen wie *Islam-Faschismus* oder *Umma-Sozialismus* (deren Urhebern wohl nichts ferner liegt als eine Verharmlosung des sogenannten politischen Islam) folgen jener Strategie, das Unzeitgemäße zeitgemäß – und damit ungeschehen zu machen[10].

So zutreffend die Klassifizierung des islamischen Fundamentalismus als eine Reaktion auf die Moderne – innerhalb der Koordinaten der Moderne – auch sein mag, und so sehr in Bezeichnungen wie *Islam-Faschismus* und *Umma-Sozialismus* Momente der Wahrheit mitschwingen mögen, es han-

9 So erscheint, um ein beliebiges Beispiel zu bringen, in einem Artikel der Online-Ausgabe der österreichischen Tageszeitung *Der Standard* vom 2. September 2014, das Bild einer Fahne mit dem islamischen Glaubensbekenntnis: »Es gibt keinen Gott außer Allah, und Mohammad ist sein Prophet.« Der Untertitel lautet: »Heimische Jugendliche halten stolz eine Fahne mit ›islam*isti*scher Symbolik‹ in die Kamera.« – http://derstandard.at/2000004876852/Im-Netzwerk-der-oesterreichischen-IS-Fans.

10 Dazu Matthias Küntzel: »... das Schlagwort vom Islamo-Faschismus [ist] nicht nur ungenau: Indem man die islamistische Rebellion unter eine Chiffre subsumiert, die am vertrauten Europa klebt, wird die Spezifik islamistischer Ideologie und Praxis geradezu verharmlost und das schier Unbegreifliche dieser Bewegung – die Absolutheit des religiösen Wahns oder die Archaik der weiblichen Unterjochung – semantisch zum Verschwinden gebracht. Gemessen an der Bedeutung, die Islamisten dem Koran beimessen, war der Stellenwert von Hitler's *Mein Kampf* für die Nationalsozialisten geradezu peripher. Hitlers Text war korrigierbar. So wurden in der arabischen Übersetzung von Mein Kampf dessen antiarabische Tiraden mit Zustimmung des Autors eliminiert. Der Koran ist für Islamisten hingegen sakrosankt. Er gilt als das unmittelbar von Gott stammende Wort.« – http://interventionen.conne-island.de/08.html#f1.

delt sich bei all diesen Verortungen und Etikettierungen um Abwehroperationen im strengen psychoanalytischen Sinn.

Abgewehrt werden soll die Phantasie, daß es sich bei Phänomenen wie dem Völkermord im Islamischen Staat, den theologisch motivierten Vergewaltigungen in den Gefängnissen Irans und anderen Erscheinungsweisen des politischen Islam – buchstäblich, nicht nur metaphorisch – um die *Wiederkehr einer barbarischen Vorzeit* handelt.

Eine Schreckensvision, die wir rational zu bewältigen versuchen, indem wir den politischen Islam gedanklich in ein modernes, zeitgemäßes Gewand *kleiden*.

Zeitgemäße Verkleidung des Unzeitgemäßen – erinnert uns das nicht an jene »Kostümierungen«, die Karl Marx im *Achtzehnten Brumaire des Louis Bonaparte* den Subjekten revolutionärer Umwälzungen zuschreibt, wenn er von der französischen Revolution spricht, die »sich abwechselnd als römische Republik und [unter Napoleon, Anm. von mir] als römisches Kaisertum drapierte«? Oder von Luther, der sich als Paulus »maskiert«, und Cromwell, der sich mit den Propheten des Alten Testaments identifiziert hätte[11]? Während sich aber die revolutionären Subjekte bei Marx als Gestalten *vergangener* Epochen kostümierten, »verkleiden« wir – umgekehrt – die Jihadisten, die uns im ersten traumatischen Moment als Gestalten einer *Vorzeit* erscheinen, als *Zeitgenossen*.

Aber: Gerät unsere These vom *Abwehrcharakter* der Auffassung, der politische Islam sei ein modernes Phänomen (und kein archaisches), nicht sofort ins Wanken, wenn wir sie mit dieser Marxschen Denkfigur konfrontieren? Könnte, was Marx zufolge für die französischen Revolutionäre, für Luther, Cromwell etc. gilt, nicht auch für Jihadisten von heute gelten? Daß sie in Wahrheit *Zeitgenossen* sind, die sich bloß als archaische Gotteskrieger *imaginieren* und kostümieren? In diesem Fall hätte unsere Denkoperation sie nicht »künstlich zeitgemäß gemacht« – vielmehr hätten wir sie, umge-

---

11 Karl Marx: *Der achtzehnte Brumaire des Louis Bonaparte.* Frankfurt am Main 2007, S. 10 ff.

kehrt, aus ihren künstlichen Kostümen befreit, und in die Gegenwart zurückgeholt.

Wir werden auf diese Frage zurückkommen. Zunächst ist uns jene Marxsche Denkfigur aber noch einen Denkanstoß schuldig.

»Die Tradition aller toten Geschlechter lastet wie ein Alp auf dem Gehirne der Lebenden. Und wenn sie eben damit beschäftigt scheinen, sich und die Dinge umzuwälzen, noch nicht Dagewesenes zu schaffen, gerade in solchen Epochen revolutionärer Krise beschwören sie ängstlich *die Geister der Vergangenheit* zu ihrem Dienste herauf.«[12]

Die Beschwörung der »Geister der Vergangenheit«, wie Marx jene Kostümierungen hier bezeichnet, scheint für ihn eine unvermeidliche, aber unerwünschte Nebenwirkung revolutionärer Anstrengungen zu sein.

Warum es aber »gerade in solchen Epochen revolutionärer Krise«, in denen der Blick der Revolutionäre in die Zukunft gerichtet sein sollte, zu dieser seltsamen Regression in die Vergangenheit kommt, wird nicht klar.

Könnte es sein, daß wir es bei dieser »Regression innerhalb der Progression« nicht mit einer unerwünschten *Nebenwirkung* zu tun haben, sondern mit einer wesentlichen, potentiell »positiv« aufzufassenden *Voraussetzung* jeder revolutionären Bewegung? Daß Emanzipation und Fortschritt ohne Regression in die Vergangenheit und Anrufung ihrer Geister nicht zu haben sind?

In einem Video-Interview mit dem Wochenmagazin »der Freitag«[13] stellt Alexander Kluge eine simple, für unseren Zusammenhang erhellende Überlegung an. Von den drei Kategorien Vergangenheit, Gegenwart, Zukunft stünde uns, so Kluge, bloß die Vergangenheit zur Verfügung: Die Zukunft existiere nur als Möglichkeit, die Gegenwart sei ein unfaßbar kurzer, geradezu inexistenter Moment zwischen Vergangenheit und Zukunft, bliebe nur – die Vergangenheit. Die

12 Karl Marx: *Der achtzehnte Brumaire*. S. 9.
13 http://www.dctp.tv/filme/auswege-aus-der-gegenwart.

Zukunft müsse daher »in den Vergangenheiten enthalten« sein.

Ob es sich um die Planung eines Abendessens oder die Gründung eines Unternehmens handelt – kein Schritt in die Zukunft, ohne Anlauf in der Vergangenheit, ohne Rückgriff auf die in ihr enthaltenen Erfahrungen und Fehler. Das scheint selbstverständlich. So selbstverständlich, daß uns die Kostümierungen der Revolutionäre, ihre Beschwörung der »Geister der Vergangenheit« nicht mehr rätselhaft vorkommen – sondern banal. Allerdings handelt es sich bei jenen revolutionären Regressionen in die Vergangenheit um alles andere als um die rationale Berücksichtigung vergangener Erfahrungen. Offenbar haben wir es mit Prozessen zu tun, *irrationalen* Prozessen, die den revolutionären Subjekten eher passieren, als daß sie sie planen und danach umsetzen würden – und über die sie genauso wenig zu verfügen scheinen wie Träumende über ihre Träume.

*

Zwischen Freuds Theorie des Traums und dem Begriff der *Regression* existiert eine für unseren Zusammenhang interessante Beziehung. Im allgemeinen, und von fachspezifischen Verwendungen in Geologie, Mathematik etc. abgesehen, verstehen wir unter »Regression« (und dieses »wir« meint die breite Öffentlichkeit, aber auch die meisten Psychoanalytiker) den Rückfall in eine frühere, primitivere Entwicklungsstufe.

Aber *Regression* meint ursprünglich etwas anderes. Freud verwendet den Begriff erstmals im Kapitel VII der Traumdeutung (1900), um die »Psychologie der Traumvorgänge«, so die Überschrift des Kapitels, zu erklären. Ausgehend vom Reiz-Reaktionsmodell des Reflexbogens faßt Freud jegliche psychische Tätigkeit als eine *gerichtete* auf: Innere oder äußere Reize würden zu Erregungen im Wahrnehmungssystem führen. Diese Erregungen würden dann verschiedene Systeme innerhalb des »psychischen Apparats« *in einer be-stimmten Reihenfolge* durchlaufen und schließlich über das »System Bewußtsein«[14] das »motorische Ende« des psychischen Apparats erreichen, also zur Muskeltätigkeit führen. Beispiel: Mein Bewußtsein nimmt ein Hungergefühl als inneren Reiz wahr. Dieser von meinem Bewußtsein wahrgenommene Reiz mündet über Gedanken wie »Ich habe Hunger, ich sollte jetzt kochen« u. Ä. in motorische Tätigkeiten: Aufstehen, In-die-Küche-Gehen, Kochen.

So weit die Situation im Wachzustand. Im *Traum* kommt es nach Freud zu einer Übersetzung von Gedanken, sogenannten Traumgedanken, in sensorische Bilder, so als hätten wir reale Sinneswahrnehmungen. Der Traum hat den Charakter einer Halluzination, und diesen *halluzinatorischen* Charakter der Träume erklärt Freud wie folgt: Im Traum ist unseren Gedanken der Zugang zur Muskeltätigkeit versperrt. Wenn ich hungrig zu Bett gegangen bin, und mir im Traum der Gedanke kommt, in die Küche zu gehen und zu kochen, kann ich, solange ich schlafe und träume, nicht aufstehen, in die Küche gehen und kochen. Daher durchläuft die – durch Gedanken an die Küche und ans Kochen erzeugte – Erregung die Systeme des »psychischen Apparates« *in umgekehrter Richtung*: Nicht »*vorwärts*« – von der Wahrnehmung des Hungergefühls zum Gedanken, in die Küche zu gehen und zu kochen, und von dort aus zu den motorischen Handlungen des Aufstehens, In-die-Küche-Gehens und Kochens – sondern »*rückwärts*«: Vom Gedanken ans Kochen zum »System Wahrnehmung«, zum Beispiel zum »halluzinatorischen Traumbild« eines opulenten Mahls.

Der Begriff *Regression,* wie ihn Freud in der Traumdeutung verwendet, meint diese Richtungsänderung.

Regression in diesem speziellen Sinn findet aber nicht nur im Traum statt. Auch im Wachzustand muß eine Erregung (die von einer Wahrnehmung oder einem Gedanken aus-

14 Dem Bewußtsein sind in diesem Modell u. a. die Systeme »Vorbewußt« und »Unbewußt« vorgeschaltet.

geht) nicht immer »vorwärts« verlaufen und in eine Handlung münden. Auch im Wachzustand kann ein Gedanke oder eine Wahrnehmung die entgegengesetzte, eben regressive Richtung nehmen, und – statt zu einer *Handlung* zu führen – beispielsweise eine *Erinnerung* auslösen.

Die Struktur der Erinnerung ist demnach mit der Struktur des Traumes verwandt. Genauso wie mit der Struktur der Halluzination – des anderen möglichen Produkts einer Regression im Wachzustand. Allerdings ist der Halluzinierende von der *Realität* seiner Halluzination überzeugt, genauso wie der Träumende von der Realität seines Traums. Wenn wir etwas erinnern, sind wir uns hingegen bewußt, daß das Erinnerte nicht real ist, nicht im »Hier und Jetzt« stattfindet.

Psychoanalytikern ist die folgende, klassische Unterscheidung geläufig: Typisch für den Neurotiker und die neurotische Übertragung ist die Zuschreibung »Sie *erinnern* mich an meinen Vater!« an die Adresse des Analytikers. Während der Wahnkranke seinen Psychiater als seinen Vater *halluzinieren* und ihm zurufen könnte: »Du *bist* mein Vater!«

Fruchtbar für unseren Zusammenhang wird diese Unterscheidung, wenn wir all die Identifizierungen der Revolutionäre mit Gestalten vergangener Epochen nicht als Regression im Sinne eines Rückfalls in »primitivere Stufen« auffassen, sondern als Regression im Sinne der Traumdeutung. Wir haben dann die Möglichkeit, in der langen Reihe aktueller und historischer revolutionärer Regressionen zwei Typen zu unterscheiden: Die Regression vom Typus *Erinnerung* und die Regression vom Typus *Halluzination*: Je nachdem, ob die jeweilige »Beschwörung der Geister der Vergangenheit« den *symbolischen* Charakter einer *Vergegenwärtigung in der Erinnerung* oder den (scheinbar) *realen* Charakter der *Gegenwärtigkeit einer Halluzination* angenommen hat.

Die französischen Revolutionäre von 1789 identifizierten ihre 1792 nach der Kanonade von Valmy gegründete Republik mit der römischen *res publica libera* und sich selbst mit deren Bürgern. Aber so wie der typische Neurotiker weiß, daß sein Analytiker, der ihn an den Vater erinnert, nicht der Vater *ist*, so waren sich auch die französischen Revolutionäre der Unterschiede zwischen ihrer und der antiken römischen Republik durchaus bewußt – etwa des Unterschieds zwischen der antiken Versammlungsdemokratie und dem modernen Repräsentativsystem. Die erste französische Republik war mit der alten römischen Republik identifiziert – aber nicht identisch. Es handelte sich um eine *symbolische* Identifizierung im Sinne der Regression vom Typus *Erinnerung*.

Die Kämpfer des *Islamischen Staates* im Irak und in Syrien hingegen betrachten ihren Heiligen Krieg nicht als einen den Kriegen des frühen Islam bloß *nachempfundenen*. Sie sind mit den Gotteskriegern des frühen Islam nicht bloß identifiziert – sie *sind* islamische Gotteskrieger. Ihre Rückwendung zum frühen Islam ist nicht symbolisch sondern *real*. Regression vom Typus *Halluzination*.

Allerdings sollten uns diese beiden idealtypisch scheinenden Fälle, *Französische Revolution* und *Islamischer Staat*[15], nicht dazu verleiten, revolutionäre Regressionen immer, kategorisch, entweder dem einen oder dem anderen Typus zuordnen zu wollen.

1979 spielten in der Revolution im Iran beide Dimensionen, Erinnerung und Halluzination, eine Rolle. Die bürgerliche und die linke Opposition gegen den Schah wollten die von Khomeyni repräsentierte Rückwendung zum Islam als eine *symbolische* auffassen, dem Islam, als einer Art Bilderspeicher, »Namen, Schlachtparole [und] Kostüm«[16] entlehnen. Als sich aber Khomeyni an die Spitze der revolutionären Bewegung setzte, sprengte der Rekurs zum Islam den Rah-

15 Das Phänomen *Islamischer Staat* als »Revolution« zu bezeichnen, und ihn in einem Atemzug mit der Französischen Revolution zu nennen, ist fraglos problematisch. Ohne auf diese Problematik hier näher eingehen zu können, scheint mir der Eroberungszug des Islamischen Staates jedenfalls einen historischen Wendepunkt zu markieren – mit unabsehbaren regionalen und weltpolitischen Folgewirkungen.

16 Karl Marx: *Der achtzehnte Brumaire*. S. 10.

men des Symbolischen, er wurde »real«. Halluzination statt Erinnerung.

Und die Oktoberrevolution? Ausgerechnet diese ihrem Selbstverständnis nach marxistische Revolution scheint ganz ohne den – nach Marx für Revolutionen charakteristischen – Rekurs auf vergangene Epochen ausgekommen zu sein. Man könnte hier allenfalls Lenins weltanschauliche Verankerung in den Ideen der *Narodniki* anführen, Vertreter einer literarischen und sozialrevolutionären Bewegung, die aus der Tradition russischer Bauern schöpften und von einer Gesellschaft abseits des westlichen Kapitalismus träumten. Aber die Ideen der Narodniki waren zu Lebzeiten Lenins nicht tot, mußten also, im Unterschied zu den historischen Beispielen, von denen bei Marx die Rede ist, nicht erst wiederbelebt werden.

In den revolutionären Diskursen im Russland des beginnenden 20. Jahrhundert finden wir allerdings – und zwar abseits von Lenin – ein überraschendes Äquivalent für die von Marx beschriebenen revolutionären Rückwendungen zur Vergangenheit. In Alexander Kluges zehnstündiger »Verfilmung« des Marxschen Kapitals, *Nachrichten aus der ideologischen Antike*, berichtet Boris Groys von den *Biokosmisten*, einer Gruppe radikaler russischer Denker, die überzeugt waren, daß der Kommunismus so lange unvollendet bleiben würde, solange die Revolution nur die Gesellschaft der Lebenden befreite. Am Ziel sei der Kommunismus erst dann, wenn es der Wissenschaft gelänge, *die Toten wieder zum Leben zu erwecken*. Die Generationen vor uns, die gelitten hätten, ohne erlöst worden zu sein. Und erst dann, wenn, nach Abschaffung des gewöhnlichen Privateigentums, das »Privateigentum an Lebenszeit« abgeschafft worden wäre, so daß alle Menschen gleich lang, und zwar ewig, leben würden – erst dann sei die Geschichte am Ziel.

Die Biokosmisten, die sich konsequenterweise intensiv mit Themen wie Unsterblichkeit und Verjüngung befassten, übten großen Einfluß auf die frühe sowjetische Wissenschaft aus, aber auch auf Künstler wie Krassimir Malewitsch. Laut

Kluge arbeiteten zeitweise bis zu 46 Institute der sowjetischen Akademie der Wissenschaften an der Entwicklung eines Mittels zur Erlangung der Unsterblichkeit[17]. 1926 gründete Alexander Bogdanov, ein Jugendfreund Lenins, das Institut für Bluttransfusion mit dem Ziel, den Alterungsprozess mittels Blutaustausch zu verzögern, wenn nicht zu verhindern. Ihm selbst kostete eine Bluttransfusion das Leben. Und die Raketenforschungen Konstantin Tsiolkovskis, der die zum Leben erweckten Toten – für die es auf der Erde zu wenig Platz geben würde – auf andere Planeten bringen wollte, machten ihn zum Vater der sowjetischen Raumfahrt. Das Phantasma der Auferstehung der Toten mündete in die Realität der sowjetischen Raumfahrt. Kurzschluß zwischen Eschatologie, Science Fiction und Wissenschaft.[18]

Für eine Komparatistik, eine vergleichende Wissenschaft der Revolutionen und ihrer Regressionen, wäre die Gedankenwelt der Biokosmisten in zweifacher Hinsicht aufschlussreich. Sie erweckt zum einen den Eindruck, als hätte da jemand Marx' metaphorische Rede von der »Beschwörung der Geister der Vergangenheit« ganz wörtlich genommen – *konkretistisch.*

Konkretismus bezeichnet im Jargon der Psychiater das Denken bestimmter Wahnkranker, das am konkreten Sinn einer Aussage fixiert bleibt, ihre metaphorische Dimension aber verfehlt. So betrachtet, wäre die Regression der – oder eines einflußreichen Teils der – russischen Revolutionäre zu Beginn des 20. Jahrhunderts *»noch halluzinatorischer«* als die Rückwendung der Revolutionäre im Iran des Jahres 1979 zum Islam.

---

17 http://www.wienerzeitung.at/themen_channel/literatur/buecher_aktuell/46920_Kluge-Alexander-Das-Bohrern-harter-Bretter.html.

18 Helmut Dahmer verdanke ich den wichtigen Hinweis, daß die russischen Sozialdemokraten (die sich 1903 in die Fraktionen der Bolschewiki und Menschewiki spalteten) 1904 bis 1934 immer wieder versuchten, ihre eigenen Aktionen im Spiegel der Französischen Revolution zu bewerten. Für den Zusammenhang dieses Textes schien mir allerdings die Auseinandersetzung mit den Biokosmisten ergiebiger.

Zum anderen scheint sich die Ideenwelt der Biokosmisten in einem entscheidenden Punkt von den übrigen revolutionären Regressionen zu unterscheiden: Die Biokosmisten beschworen die »Geister der Vergangenheit« nicht, um den Toten »Namen, Schlachtparole [und] Kostüm«[19] zu entlehnen wie die Französische Revolution der römischen Republik oder die islamische Revolution dem frühen Islam, und nicht, weil sie der Ansicht waren, die Toten hätten in einem Goldenen Zeitalter gelebt, das nun wieder auferstehen sollte. Nicht die revolutionäre Gegenwart steht für die Biokosmisten im Zeichen des Mangels – eines Mangels, der sie zwingen würde, Reichtum und Überfluß in der Vergangenheit zu suchen. Im Gegenteil: Die revolutionäre Gegenwart ist verpflichtet, sich des *Mangels der Vergangenheit* anzunehmen, ihrer Leiden und ihrer Traumen.

Das erinnert natürlich an den Jahrzehnte später formulierten Gedanken Walter Benjamins von der »schwachen messianischen Kraft«, die »uns wie jedem Geschlecht, das vor uns war, [...] mitgegeben« sei und »an welche die Vergangenheit Anspruch«.[20] habe. *Jede* Gegenwart, das meint Benjamin mit »*schwacher* messianischer Kraft«, hätte das Potential, die Vergangenheit zu erlösen. Aber erst die am Ende der Geschichte »vollständig erlöste« und nunmehr mit »*starker* messianischer Kraft« ausgestattete Menschheit sei in der Lage, auch die Vergangenheit »vollständig« zu erlösen:

> »Freilich fällt erst der erlösten Menschheit ihre Vergangenheit vollauf zu.«[21]

Die Biokosmisten scheinen also nicht nur buchstabengetreue Marxisten gewesen zu sein, »Marxisten à la lettre« sozusagen, sondern auch Benjaministen à – und avant – la lettre.

*

19 Karl Marx: *Der achtzehnte Brumaire.* S. 9.
20 Walter Benjamin: *Über den Begriff der Geschichte.* In: ders., Gesammelte Schriften I.2, Frankfurt am Main 1991, S. 694.
21 Ebd.

Wie aber ließe sich Benjamin – wenn nicht buchstäblich – denn sonst interpretieren? Wie sonst könnte die Gegenwart die Vergangenheit »erlösen« außer durch das Bauen von Zeitmaschinen, mit denen die Gegenwärtigen in die Vergangenheit reisten, um sie, Epoche um Epoche, von ihren Leiden zu befreien – oder eben durch die Wiederbelebung der Toten, verglichen mit der Zeitmaschine wohl die realistischere Variante?

Ein neuerlicher Blick auf die Geisteswelt der Biokosmisten könnte uns ein Stück weiterhelfen. Ihr Hauptmotiv, die Toten wieder beleben zu wollen, lag offensichtlich in einem *Schuldgefühl* gegenüber den Toten. Wie Boris Groys in Kluges *Nachrichten aus der ideologischen Antike* ausführt, waren die Biokosmisten der Auffassung, daß die Generationen vor ihnen die Geschichte durch ihre Leiden und ihre Kämpfe so weit vorangetrieben hätten, daß schließlich ihrer eigenen Generation die kommunistische Revolution – als Frucht der Geschichte – zugefallen sei. Die Lebenden stünden also in der Schuld der Toten. Würden die Toten nicht zum Leben erweckt, hätten sie umsonst gelitten und wären sinnlos gestorben.

Diesem Motiv der offenen Rechnung der Toten mit den Lebenden begegnen wir auch in der Mythologie der Gespenster. Dort wimmelt es von Untoten, Wiedergängern, Nachzehrern, Vampiren etc., denen dereinst Unrecht geschah und die die Lebenden heimsuchen. Abgewehrt werden solcherart Heimsuchungen dadurch, daß man die Untoten *endgültig* zu töten versucht – Nachzehrer mit dem Gesicht nach unten in den Sarg legt, Vampire pfählt etc.

Die Biokosmisten beschritten den umgekehrten Weg. Die Toten sollten nicht »endgültig getötet« sondern, im Gegenteil, ins Leben zurückgerufen und ihre Ansprüche abgegolten werden. So betrachtet, wäre das Projekt der Biokosmisten, die Toten zum Leben zu erwecken, Ausdruck ihres Wunsches, *sich vor ihrer Rache zu schützen*: Die Biokosmisten beschworen die Geister der Vergangenheit, weil sie sich von ihnen

heimgesucht fühlten wie Abergläubische von Wiedergängern
– oder Traumatisierte von *Flashbacks*.

*

Wie Erinnerung und Halluzination sind Flashbacks das Ergebnis einer *Regression im Wachzustand*. Ein Auslöser, der
den Betroffenen an sein Trauma erinnert, führt zu einer blitz-
artigen Vergegenwärtigung des traumatischen Ereignisses.
Der Traumatisierte hat den Eindruck, das Ereignis wieder zu
erleben. Flashbacks haben einen starken einem Film ähnlichen Realitätscharakter, somit einen Zwischenstatus zwischen Erinnerung und Halluzination.

Es liegt nahe, der Ideenwelt der Biokosmisten, denen es um
die *Traumata* der Vergangenheit zu tun war – und nicht um
deren Glanz –, einen dritten Typus revolutionärer Regressionen zuzuordnen: Die Regression vom Typus *Flashback*. Allerdings sollten wir uns fragen, ob dieser Rekurs auf das Trauma
tatsächlich nur ein Spezifikum der revolutionären Regression
in Russland darstellt. Und ob nicht der Schein, daß es im Falle
anderer Revolutionen immer um die Wiedergeburt einer
glorreichen Vergangenheit ging (und geht), nicht vielleicht
trügt.

Zum Beispiel im Fall des Irans. Es gehört zu den Gemeinplätzen in Analysen der Revolution von 1979, daß diese und
die anti-amerikanischen Ressentiments, die sie wachrief, in
einem engen Zusammenhang mit einer historischen *Wunde*
stünde: Dem erwähnten Sturz des demokratisch gewählten
Ministerpräsidenten Mohammad Mossadegh 1953, bei dem
der CIA eine maßgebliche Rolle gespielt haben dürfte.

2009 erlebte der Iran dann eine weitere, die sogenannte
»grüne« Revolution, ausgelöst durch gefälschte Präsidentschaftswahlen – eine Protestbewegung, die die Islamische
Republik erschütterte, deren Parolen aber den Parolen der islamischen Revolution von 1979 nachempfunden waren oder
sie schlicht wiederholten. Mussavi, der symbolische Führer
der Bewegung, schwärmte gar vom »Goldenen Zeitalter

Imam Khomeynis«. Bei genauerer Betrachtung erscheint die Reinszenierung der 1979er Revolution durch die »Grünen« jedoch als *Vergegenwärtigung eines Traumas*[22]: So wiesen deren Vertreter bei Kontroversen über ihre Strategie der Gewaltlosigkeit immer wieder auf ihre Angst vor der Wiederholung *des Traumas von 1979* hin – vor der Wiederholung der islamischen Revolution und ihrer Folgen.

Aber die islamische Revolution und Bewegungen wie der Islamische Staat können auch auf einer grundsätzlicheren Ebene unter dem Aspekt *Flashback* betrachtet werden. Dann nämlich, wenn wir ihre Sehnsucht nach der Rückkehr zum »Goldenen Zeitalter« des frühen Islam als *Folgeerscheinung* begreifen. Folgeerscheinung eines Flashbacks – der blitzartig einsetzenden Vergegenwärtigung jenes traumatischen Moments, in dem der islamischen Welt endgültig klar wurde, daß sie dem »ungläubigen« Europa zivilisatorisch und militärisch hoffnungslos unterlegen, daß ihre Zeit des Siegens und Herrschens über die Ungläubigen vorbei ist.

Persien erlebte diesen Moment 1810, als es im dritten von insgesamt vier Russisch-Persischen Kriegen (zwischen 1722 und 1828) den Russen den *Heiligen Krieg* erklärte und diesen – so wie die drei anderen – dank der strategischen und technischen Überlegenheit der Ungläubigen verlor.

Die Regression zum frühen Islam soll die Erinnerung an dieses jüngere bis heute anhaltende Trauma ungeschehen machen, der Glanz jener alten die Wunde aus der jüngeren Zeit heilen.

Weiter oben war die Rede davon, daß die Biokosmisten – die ihre eigene Gegenwart als erlöst imaginierten und die Vergangenheit als erlösungsbedürftig – Benjamins These von der Erlösung der Vergangenheit durch die Gegenwart vorweggenommen haben. Die islamistische Regression, bei der sich – umgekehrt – die von Mangel gezeichnete Gegenwart, in der Hoffnung auf Erlösung, nach einer »glorreichen Ver-

22 Siehe auch den Text *Emma und die Revolutionen im Iran* in diesem Band.

gangenheit« zurücksehnt, scheint diesen Benjaminschen Gedanken hingegen auf den Kopf zu stellen.

Die Spiegelbildlichkeit der Strukturen der biokosmistischen und der islamistischen Regression erlaubt es uns nun, sie »gegeneinander antreten« und *sich gegenseitig dekonstruieren zu lassen*: Im Lichte der Struktur der islamistischen Regression erwiese sich dann die scheinbar erlöste Gegenwart der Biokosmisten, zumindest potentiell (sie trug ja den Keim des Stalinismus in sich), als nicht weniger katastrophal als die gegenwärtige Situation der islamischen Welt.

Interessanter ist der umgekehrte Versuch, den Islamismus im Lichte des Biokosmismus zu dekonstruieren: Dann könnte sich der »glorreiche« Sehnsuchtsort der Islamisten, der frühe Islam, ebenfalls als Ort des Mangels herausstellen, unerlöst, wie die Toten der Biokosmisten.

Von hier aus könnten wir – jenseits der »biokosmistischen Dekonstruktion« – dann weiterfragen: Kann es sein, daß der Islamist an jenem Ort der Vergangenheit, von dem er die *Heilung* der Gebrechen seiner Gegenwart erhofft, nicht vielmehr ihren *Ursachen* begegnet? Jener Sehnsuchtsort wäre dann der Ort eines nicht eingestandenen Zweifels. Und einer nicht gestellten Frage an einen ohnmächtigen, weil toten Gott:

Warum hast du uns verlassen?

Im Gegensatz zu den Toten der Biokosmisten, denen *wir Lebende* etwas schulden, wäre der tote Gott des Islamisten also *ihm* etwas schuldig. Weil sich aber der Ort seines Gottes als Ort des Mangels herausstellt, verwandelt sich der uneingestandene Zweifel des Fundamentalisten in Verzweiflung. Es ist die verzweifelte Wut über die Ohnmacht eines toten Gottes, die Phänomene wie die Islamische Republik Iran oder den Islamischen Staat gebiert.

Demnach hätte es der Islamist mit einem doppelten Mangel zu tun: Der gegenwärtige Mangel (die traumatisch erlebte Ohnmacht der islamischen Welt) wird zum Auslöser seiner Rückwendung zum frühen Islam, wo er erst recht wieder dem

Mangel (dem frühen Mangel als Ursache des gegenwärtigen) begegnet.

Paradoxerweise ist es aber gerade diese Struktur der *doppelten Unerlöstheit*, die Licht auf Benjamins dunkle Rede von der Erlösung der Vergangenheit zu werfen vermag – und auf das Phänomen der revolutionären Regression als solche: Zu erlösen ist nicht die »vergangene«, *tote* Vergangenheit – sondern die *untote*. Jenes *Noch-immer*, dem mein frustrierter Freund sein beschwörendes *Doch-schon-2015* entgegenschmetterte: Die *unvergangene Vergangenheit*, welche die Gegenwart an der Erlösung hindert.

Um Benjamin zu verstehen, müssen wir ihn also auf den Kopf stellen: Die Erlösung der Vergangenheit ist nicht der zweite, der Erlösung der Gegenwart folgende Schritt. Vielmehr bildet die Erlösung der – unvergangenen – Vergangenheit die *Voraussetzung* für die Erlösung der Gegenwart. Bedeutet sie doch die Erlösung der Gegenwart *von dem Unvergangenen in ihr*. Die Heilung des *noch immer* nicht verwundenen Traumas, das in Epochen revolutionärer Krise *schon wieder* zurückkehrt[23]. Der Flashback als Heilungsversuch.

Auch wenn sie es nicht wissen: Den Revolutionären geht es nur scheinbar darum, der Vergangenheit »Name, Schlachtparole [und] Kostüm« zu entlehnen. Sie kehren zu jener Vergangenheit zurück, um sie zu *überwinden*, die Gegenwart von ihr zu erlösen.

Im Fall des Islamismus entgleist dieser Heilungsversuch allerdings. Statt überwunden zu werden, kehrt die unvergangene Vergangenheit vollends zurück – und überwindet

---

23 Ein anderer Aspekt der Rückkehr vergangener Traumen in Epochen revolutionärer Krise erhellt sich, wenn wir die Benjaminsche These zusammen mit Freuds Theorie der Nachträglichkeit lesen: Bestimmte Traumata werden erst nachträglich zu Traumata. Erst ab einer bestimmten – durch die revolutionäre Krise repräsentierten – Stufe »historischer Entwicklung« stehen einer Gesellschaft jene Deutungsinstrumente zur Verfügung, die sie befähigen, jene Traumata überhaupt als solche wahrzunehmen. Ähnlich wie bei Freuds Patientin Emma, bei der ein Übergriff in der Kindheit erst nachträglich, nach der Geschlechtsreife, zu einem sexuellen Trauma wurde. Siehe auch den Text *Emma und die Revolutionen im Iran* in diesem Band.

ihrerseits die Gegenwart. Der Flashback wird zur Halluzination.

Weiter oben sprachen wir von der Phantasie, daß es sich bei Phänomenen wie dem Völkermord im Islamischen Staat oder den theologisch motivierten Vergewaltigungen in den Gefängnissen der Islamischen Republik um die *Wiederkehr einer barbarischen Vorzeit* handelt, dann von der These, daß wir, um diese Schreckensvision zu bewältigen, den politischen Islam *in ein zeitgemäßes Gewand zu kleiden versuchen* – und schließlich von unserem *Zweifel* an dieser These: Könnte es nicht sein, daß es sich umgekehrt verhält? Daß die Jihadisten in Wahrheit *Zeitgenossen* sind, die sich als archaische Gotteskrieger *kostümieren*?

Unsere Denkbewegung hat uns ausgehend vom Phänomen revolutionärer Beschwörungen der Vergangenheit, über den Regressionsbegriff in der Traumdeutung, eine Typologie revolutionärer Regressionen und eine Neuinterpretation der These Benjamins von der Erlösung der Vergangenheit zum Begriff der unvergangenen Vergangenheit geführt: Jenes oft verborgene *Noch-immer*, das nicht und nicht aufhören will, uns als *Schon-wieder* zu begegnen.

Wenn Adorno davon spricht, daß bei Marx Ausdrücke wie *Lohnsklaverei* – für die freie Lohnarbeit – nie bloß metaphorisch gemeint sind, hat er diesen historischen Wiederholungszwang im Blick. Er nennt ihn »Konstanz von Vergängnis« und zählt die Gestalten auf, die er annimmt: »Herrschaft, Unfreiheit, Leiden, die Allgegenwart der Katatrophe«[24].

Phänomene wie die Massenmorde des Islamischen Staates oder die theologisch motivierten Vergewaltigungen in der Islamischen Republik sind Albträume aus einer barbarischen Vorzeit, die wir fern und vergangen wähnten. Nach dem Aufwachen mag es uns gelingen, den Albtraum auf jene Bestandteile zu reduzieren, die an die Ereignisse des Vortages – Freud nennt sie Tagesreste – anknüpfen. Und so den unheimlichen

---

24 Theodor W. Adorno: *Soziologische Schriften I.* In: ders., Gesammelte Schriften, Bd. 8, Frankfurt am Main 2003, S. 234.

Gedanken an dessen Abkunft aus jener vergangen geglaubten Vergangenheit zu verscheuchen. Vergessen wir aber nicht, daß es nicht nur eine Flucht aus der Realität des Wachzustands in die Scheinwelt des Traums gibt, sondern auch eine Flucht aus der Realität der Albträume in die Rationalität des Wachzustands.

Sama Maani
Ungläubig

Roman
Hardcover mit
Schutzumschlag,
154 Seiten · € 19,80
ISBN 978-3-85435-733-9

Ein einseitiger Briefwechsel, in zweifacher Hinsicht: Arasch Bastani, in Teheran geboren, Medizinstudent in Graz, schreibt Briefe an seine Psychiaterin Veronika Wundt. Und Arman Kalami, Ex-Aktivist der »Teheraner Revolution«, schreibt Berichte an das »werte Zentralkomitee«.

Die Identitäten, die geografischen und zeitlichen Grenzen verschwimmen. Ein Vexier- und Verwechslungsspiel zwischen Graz und Teheran, zwischen Messias und Marx, am Ende bleiben wir ungläubig zurück.

»Dieses Buch verdient es, zweimal gelesen zu werden, einmal lachend, einmal weinend.« (Walter Fanta, www.literaturhaus.at)

Drava

Drava Verlag · Založba Drava GmbH
9020 Klagenfurt/Celovec, Gabelsbergerstraße 5
www.drava.at

Gerhard
Hammerschmied

Nichts über
Grillparzer

Roman
Hardcover mit
Schutzumschlag
184 Seiten · € 21,80

ISBN 978-3-85435-741-4

Die Geschichte eines alternden Grillparzerforschers und seiner
Familie, die im Gewirr von Alltagsmythen, Partnerschaftsmodel-
len und ungeklärten Vaterschaftsfragen sich abmüht, ihr Leben
nicht zu einem Schauerstück verkommen zu lassen. Wie Gespenster umstehen die literarischen Gestalten, Autoren und Poeten, mit
denen sie einen Gutteil ihres Lebens verbringen, ihren Alltag:
Grillparzers Ahnfrau, Kafkas Josef K. und Jäger Gracchus, Sigmund Freud, Ernesto Mejía Sanchez. Zwischen den Textgeweben
schimmert nicht nur das Unheimliche hindurch, sondern auch das
Leben, dem sie sich stellen müssen. Eine Flucht in die Tropenwelt
Nicaraguas scheint ein Ausweg zu sein.

*»Diese Buch verient Leser, die sorgfältig lesen können, auf die Über-
gänge achtend, auf den Wechsel der Erzählstimmen und der erzähl-
ten Stimmungen.«* (Die Brücke)

Drava ◮

Drava Verlag · Založba Drava GmbH
9020 Klagenfurt/Celovec, Gabelsbergerstraße 5
www.drava.at